自閉症児の「きょうだい」のために

お母さんへのアドバイス

サンドラ・ハリス=著
遠矢浩一=訳

ナカニシヤ出版

Siblings of children with autism:
a guide for families

by Sandra. L. Harris

Copyright © 1994 by Sandra.L.Harris

Japanese Translation rights arranged with Writers House LLC
through Japan UNI Agency,Inc.,Tokyo.

ジョセフ・マスリング
私にできると気づかせてくれたあなたへ

まえがき

　この20年以上，私は自閉症児のいるご家族とともに過ごす機会にめぐまれてきました。どのご家族のみなさんも，私をご自宅に招いて下さり，悲しみの気持ちや成し遂げた喜びについてお話下さり，そのうえ，こどもたちと共に私を信頼して下さいました。こうした家族のみなさんと私は共に多くのことを学んできました。私たちは，自閉症のこどもたちのための教育技術が年々洗練されたものとなっていくのを見て，こうした集中的な教育によって目を見張るような効果が得られることを共に喜んできました。一方で，私たちはいろいろな治療法が気まぐれに現れては消えるのを見ながら，時に，私たちの領域が未だにそれほど完全なものではなく，通り過ぎていく幻想に私たちがあまりに傷つきやすいことに共に悲しみを覚えてもきました。最も大切なことは，ゆっくりとそして確実に毎年毎年以前よりも進歩していきながら共に歩んできたことです。

　こうしたご家族のみなさんと共に働く中で，そして，こうしたみなさんと共に年を重ねていく中で，ご両親だけではなくきょうだいのこどもたちとも知り合う機会に恵まれました。近年になって，私は，自閉症児の家族の中でのきょうだいのニーズに私たちがあまり応じてあげられていないことがだんだん心配になってきました。しばしば，私たちは自閉症児の教育的ニーズに集中的に焦点を当てようとしますが，他のこどもたちのニーズについては見過ごしてしま

う傾向にあります。しかし，きょうだい支援グループのこうした若者たちの声に耳を傾けたとき，あるいは個別にお話をしたときに，こうしたきょうだいたちのニーズが，どれほど，急を要するものかに気づかされて胸を打たれてしまいます。親御さんや専門家たちのためにこの本を私が書くことにしましたのは，そうした気づきがあったからです。

　この本を書くにあたって私は自閉症児の親御さんが家族みんなのニーズについてお考えになる際に役立てばと願っています。また，こうした方々のために働く専門家にとっても役立つことを願っています。私は，親御さん方が私との会話の中でこどもさんについて話してこられた，いくつかの抗いがたい疑問について述べてみたいと思いました。もし読者のみなさんがこの本がとても役立つと思われたなら私に手紙を書いて下さり何が役立ったのかを知らせて下さるでしょう。みなさんのそうしたご教示が今後の私の考えるべきトピックに関して興味深いものとなるでしょうし，いくつかの話題についてのみなさんのコメントが私に同意しておられない場合でもそれは私にとってありがたいものとなります。この本の第2版が出るときに，よりよいものにしたいからです。

　この本では私の名前だけが著者として書かれてはいますが，とてもたくさんの方々がこの本に力を貸して下さいました。第一に，そして最も大切なことですが，何年もの間，私にご家庭の生活をのぞかせていただく窓を与えて下さった全てのご家族のみなさんに感謝の気持ちをお伝えしたいと思います。とりわけ3人のお母様方，Stephanie Baslie, Donna Icovino, そして Monica O'Connor は，それぞれの章の最後に載せた資料を書いて下さいましたが，それこそが親御さんとしての考え方を映し出してくれています。他のご家族のみなさんにもお手伝いいただきましたが，ご希望により匿名のまま掲載しております。私はこうした方々の思慮深さやご支援にと

ても感謝しています。私はご家族のみなさんのプライバシーのために，できるだけお名前が特定できないように配慮いたしました。これらのスケッチを読んでいただく中で，自閉症児というのはその障害の重さや知的障害の程度がさまざまであることを思い出して下さい。Susan Stoke, Irvin Shapell, そして Michael Powers がこの本の編集上とても貴重な支えとなって下さいました。Woodbine House から出版できることは，本当に光栄なことです。

ダグラス発達障害センターの私の仲間たち，とりわけ，Jan Handleman, Maria Arnold, Rita Gordon, そして，Barbara Kristoff は，何年もの間，惜しみない助けを下さいました。彼らなしには，学校をつくることはできませんでした。私はまた，ダグラス発達障害センターの立ち上げに貢献してくれた Jean L. Burton にも感謝の意を表したいと思います。そこここが私たちの，自閉症児のための大学附属の学校なのです。応用心理学・心理職養成専門大学院の仲間たちも，研究者としての私の人生に路を与えてくれました。Han van den Blink は，家庭という状況の中で1人1人の行動について考えていくことの大切さを私に教えてくれました。

最後になりますが，私の兄，Jay E. Harris に感謝の思いを伝えたいと思います。彼こそが，親愛なる兄の妹として成長できるということの意味を私がこの世に生まれ出たその初めの日から教えてくれたのです。

ピスカタウェイ，NJ
1994年　春

訳者まえがき

　本書は，1995年度にアメリカ自閉症協会の出版賞を受賞したものです。アメリカの自閉症協会がその価値を認めた，そんな大切な本が今まで日本に紹介されていなかったなんて不思議です。そのこと自体が，我が国の専門家や臨床家が，自閉症児の「きょうだい」や「家族」自身のサポートにあまり目を向けてこなかった事実を示していると思います。

　これまでの研究は，最近の「心の理論」研究に代表されるような自閉症という障害の本質を明らかにするためのものであったり，○○プログラムと称されるような，自閉症のこどもたち本人の指導法の開発をめざすものが多かったように思います。それはそれで，とても大切な研究領域です。実際，私自身も臨床家として，研究者として，どちらかというと自閉症のお子さんの人と関わる能力をどのように伸ばしてあげられるかということばかりを考えてきたように思います。しかし，振り返ってみると，自閉症という障害を抱えているこどもたちと最も多くの時間を過ごし，彼らの発達に最も大きな貢献をしておられるのは，専門家でも先生でも，お医者さんでも誰でもありません。ご家族です。なのに，自閉症児のお母さん，お父さんの「心の健康」や，きょうだいの「不安」や「悲しみ」について扱ってきた本がどれだけあったでしょうか。

　近年，自閉症やADHDなどといった，いわゆる発達障害につい

ての情報がちまたにあふれ,「自閉症」と銘打った本が,数多く出版されるようになりました。書店の書棚にも,相当な数の本が並んでいるはずです。でも,探してみて下さい。「きょうだい」と銘打った本がどれだけ見つかるでしょうか？「きょうだいは自閉症ではないし,発達の障害を持っていない"健常児"だから,特段,何も心配する必要はない」,ぐらいにみんなが考えているのではないかと思ってしまうほどです。

そのとおり,きょうだいは,自分の兄弟・姉妹の障害の有無によって色眼鏡で見られてはいけません。無論,他のこどもたちと何のかわりもありません。けれど,自閉症のお子さんは,「特別な支援」や「サービス」,「配慮」を提供すべきこどもたちです。きょうだいやご家族は,ご家庭で,一生懸命にそうした特別の支援をこどもたちに提供しておられます。当然ですが,特別な配慮のためには,それだけのエネルギーを必要とします。くたびれたり,したいことができなかったり,遠慮したり,寂しく思ったり,いろいろとあるはずです。そうしたきょうだいやご両親に対して,彼ら自身のための「特別な支援」を提供することに何の躊躇がいるでしょうか。

原著者のSandra Harris氏は,そうした自閉症児のご家族の問題の中で,特に「きょうだい」を守っていくために,どういった手だてをとることができるかに焦点を当てて書いています。きょうだいを,ただの兄・弟・姉・妹とみなすのではなく,支援を必要とするこどもたちとみなしています。きょうだいが1人の人間として成長していくことを大切にする姿勢を,我々大人に強く訴えています。

筆者の研究室でも,以前から自閉症児のお母様が,他のきょうだい児と関わる中で,どのような思いを抱いておられるのか,どんなことに悩んでおられるのか,どういったサポートができるのかを理解するために,少しずつですが,お話を聞かせていただいてきました。そんな中で,きょうだい児のために考慮しておられること,き

ょうだい児に求めてはいけないのかもしれないけれど期待してしまうこと，期待したいけれど遠慮していることなどいろいろな複雑な思いが語られました。本書は，そうした親御さんの抱える不安や悩みへの貴重なアドバイスを提供してくれています。本書で紹介される指導技法として，行動分析という技法が多くとりあげられています。残念ながら私自身は，行動分析の専門家ではありませんし，詳しい補足説明がじょうずにできません。申し訳ありませんが関連書をご参考になさって下さい。我が国でも，わかりやすい本がいくつか出版されています。ただし，皆様のご理解を促すために，ごく一部ではありますが，私のわかる範囲で訳注をつけておきました。

　私，初め，本書を手にして何気なく目を通し，この本の存在意義にドキッとして，すぐに，ナカニシヤ出版の宍倉由高編集長に翻訳のご相談をさせていただきました。心理臨床や発達臨床と呼ばれる領域の大切さにご理解の深い宍倉さんは，即断で本書の出版をお引き受け下さいました。「親と先生のための自閉症講座――通常の学校で勉強するために――」に続く翻訳書ですが，自閉症児の親御さん方のために，という私の願いをいつもご理解下さり，出版させていただけることに心より御礼申し上げたいと思います。ご厚意に答えるべく，できるだけ，やさしいことばで読んでいただけるよう努力してみました。翻訳上，至らない点が多々あることとは存じますが，私の語彙不足のゆえ，何とぞ，ご容赦下さい。編集部の酒井敏行氏にはことばづかい，表現のしかたなどに多くのご助言をいただきました。ここに記して感謝の意を表したいと思います。

　こどもたちが，自分の夢を追い求め，心身共に健やかに成長していけるための，「居場所」を提供することが私たち，おとなの使命です。本書が，そうした一助となることを願ってやみません。

2002 年冬
博多にて

目　次

まえがき　*iii*
訳者まえがき　*vii*

Chapter 1　兄弟姉妹
——共に，そしてなかよく ……………………………… *1*

はじめに　*3*
生涯にわたるきょうだい　*8*
　　きょうだいのきずな　*9*　　児童期初期　*9*
　　児童期中期と青年期　*11*　　成人期　*13*
きょうだいが自閉症だった場合　*13*
　　姉／弟　*15*　　特別な負担　*17*　　成人期　*22*
おわりに　*24*

Chapter 2　どうしてあの子はそうするの？
——こどもたちに自閉症を説明しましょう ……………… *29*

はじめに　*31*
こどもたちの自閉症理解に及ぼす発達の影響　*34*
　　幼いお子さんにとって　*35*　　児童期中期　*41*
　　青年期　*44*　　成人期　*48*
おわりに　*50*

Chapter 3　話しましょう
——お子さんの考えや気持ちを分かち合うために ……………… 55
はじめに　58

コミュニケーションの雰囲気を作る　61

  コミュニケーションの障壁　62　　妻と夫の間で　65

  お子さん同士で　66　　コミュニケーションのための技能　68

  家族会議　76

おわりに　77

Chapter 4　じょうずにバランスをとる
——家族，仕事，そしてあなた自身のための時間を見つけましょう　81
はじめに　83

もっと愛してあげましょう　85

一緒？　それとも別々？　86

  一緒にいること　89　　プライベートな空間　91

みんなが家族に貢献する　94

資源を利用する　95

  親支援グループ　99　　きょうだい支援グループ　100

おわりに　101

Chapter 5　遊びとこどもたち
——一緒に遊ぶのを手助けしましょう ……………………… 107
はじめに　109

先生としてのこどもたち　110

遊びの技能を教えること　113

  準備をする　116　　明確な指示を与えること　119

ごほうびをあげること　　*122*
手助けをすること　　*124*
触れるのをやめること　　*125*
とても幼いこどもたちとともに　　*126*
おわりに　*127*

参考文献　*131*
索　引　*135*

Chapter 1

兄弟姉妹
共に，そしてなかよく

マクガイア家

　バン！　仕切り戸が音を立てて閉まりました。ドタバタ，ドタバタ，ドタバタ！　小さな足が玄関から2階にドカドカと駆け上がってきました。ドン！　今度は寝室のドアがばたんと閉まりました。やがて，その大きな音はマクガイア家の静寂をすっかりかき消してしまったのです。サリー・マクガイアは深いため息をついて頭をふりました。何かが10歳のケビンを不安にさせているようです。けれど，この子が何を考えているのか，何を感じているのかを知ることはますます難しくなっていきました。彼はみるみる不機嫌になっていきました。時にケビンは，サリーと添い寝したがるような幼い男の子なのですが，最近はしばしば距離を置くようになってきました。彼女にとって，何か，ちっちゃな青年とでもいえる様子なのです！

　サリーには，物思いにふけるような時間がほとんどありませんでした。彼女の下の息子，ミッチが彼女の足を引っ張ります。"ジュース，のむ"と。彼女の顔は明るくなりました。"じょうずに言えたね，ミッチ"。サリーはそう言って，冷蔵庫の所へ行き，彼の好きなジュースを探しました。ミッチはその月，5歳になったのですが，2年前は，彼が話せるようになるなんて，サリーはをあきらめてしまっていました。彼女と夫トムは息子の行動のなぞに答を求め

て，次から次に専門家のところを巡っていました。ついに，彼が3歳になろうとするころ，ミッチを理解してくれる心理学者を見つけだしました。その女性心理学者はマクガイア夫妻にミッチは自閉症と呼ばれる発達障害を持っているということをできるだけやわらかく伝えました。彼には潜在的な力を引き出すような数年間の集中的な教育が必要であること，そして，おそらく生涯を通じて，何らかの特別なサービスが必要になるだろうということを話したのです。

　サリーとトムは，初めミッチの診断名にうろたえましたが，結局は彼に何が起きているのかを知って安心し，彼をどのように手助けすればいいのかわかって嬉しく思いました。やがて，彼らはミッチを適当な幼稚園に入園させ，同時に，ミッチのために，自分たち自身が，まるでベテラン教師になるためのような家庭プログラムに没頭したのです。それは大変で，時間がかかるものでしたが，その努力で息子の行動は，目を見張るほど変化していきました。彼は今では話せるようになり，かんしゃくにかなり歯止めがかかるようになってきました。彼はまた，以前のミッチよりも，幸せそうに見えました。

　玄関のドアが鳴りました。マクガイア家の隣のローズマリー・バンデンベックさんでした。彼女は10年近くマクガイア家と知り合いでミッチをすばらしくサポートしてくれていました。ローズマリーは心配そうにしていました。"ケビンはいる？"。サリーは，ケビンは部屋にいると言いました。ローズマリーは，ケビンがドンドンと音を立てて2階に上がっていくほんの数分前に，裏庭から聞こえてきたことをサリーに話そうと来たのでした。

　ケビンは裏の階段に座って，ローズマリーの息子のジョンと話していたのです。彼らの会話が開け放した窓を通してパソコンの前に座っているローズマリーのところまで届いていました。"自閉症"という単語が彼女の耳をとらえ，彼女はしばらく耳を澄ましていました。ケビンはジョンに弟のミッチについて秘密に思っていることがあると話していました。それによるとこうです。時々彼は，ミッチが弟ではなくて，ジョンが弟だったらと願うことがある。両親は

ミッチがやるどんな小さなことでもすばらしいと思っているみたいだけれど，ケビンがやることはまったく気にかけてくれない。時々，両親がミッチを愛しているのと同じくらい実際自分を愛してくれているのか疑問に思う。ミッチが自閉症だと知っているけれど，そのことは，好きなことなら何でもとがめられずにやれるということではない。ケビンはミッチにできないことを埋め合わせるために，どんなことでも特別にうまくやらなければと感じている。そんなのはちっとも公平じゃない！

サリーはローズマリーからこの話を聞いたとき，何も言わずに痛みのすべてに耐えてきたケビンを哀れに思いました。そして彼女はケビンがどんなに悩んでいたかを十分に理解していなかったことに，はっとしたのです。何をすべきなのでしょうか。けれど，とても距離を置くようになった息子にどのようにしたら近づけるのでしょうか。

はじめに

ケビン・マクガイアが弟のミッチに感じていたことは珍しいことではありません。彼と同じ境遇にいる多くのこどもたちは自分の両親は自閉症のきょうだいほど自分を愛していないと感じるときがあります。また，自分の気持ちを親御さんと分かち合うことが難しいことも珍しいことではありません。多くのこどもたちにとって両親に自閉症の兄弟や姉妹についての心配事を話すのは簡単なことではないのです。

いくつかのことがケビンの沈黙を引き起こしているのかもしれません。それには両親がしばしばミッチのことに忙しすぎて，彼にあまり時間を取ってくれないように思ってしまうために，嫉妬心や欲求不満に対する羞恥心を感じてしまうからかもしれませんし，彼が，普通どおり，家族の世界から仲間の世界に徐々に入り込んでいく思

春期の入り口に来たことも関係しているのかもしれません。それらの要因の1つ1つがケビンの沈黙を引き起こしうるだろうし、おそらく実際そうであっただろうと思われます。

マクガイア家が直面したような問題は、自閉症の兄弟あるいは姉妹について十分話すには親と子との間の障壁が高すぎるということを意味しているのでしょうか。幸いそうではありません。家族のコミュニケーションの質は時間によって、お子さんの人生の発達段階によって変化します。とはいえ、親と子は、人生における重要なことがらについては、お互いにいつも語り合っておくことが必要です。しかし、十分なコミュニケーションはいつも簡単なものとは限らず、時には家族全員の特別な努力を必要とします。

この章では健常に発達しているきょうだい間の関係性について社会科学者が知るところの一部についてまとめてみました。そして自閉症、あるいは同じような障害を持つお子さんが家族にいた場合、こうした通常の行動パターンにどういった影響が及ぶのかについて考えてみます。この章ではみなさんは、こどもたちがお互い、うまくやっていけるようにしてあげるための上手な方法をいろいろと理解できるでしょう。第2章ではお子さんと共有するような自閉症についての情報はどのようなものか、お子さんにとって必要な情報は年齢によってどのように変化するのかについて記します。第3章では家族のコミュニケーションを増やすためにできることは何かについてふれます。第4章では、お子さんが、自閉症の兄弟や姉妹の持つ特別なニーズにうまく対応するためにあなたにできるいくつかの点について考えてみます。私は家族全員が密着しすぎず、また、離れすぎたりしない健全なバランスを保った状態に至るためにはどうすればよいのかについて考えたいと思います。そうなることで、家族それぞれのニーズができるだけ満たされるからです。第5章では、お子さんが自閉症のきょうだいの遊び相手になることをどのように

手助けできるかに焦点を当てます。この章では、こどもたちに、遊び方をどのように教えたらよいかについてもふれています。

　私は両親と、血のつながったお子さんからなる家族を年頭においてこの本を書きました。しかし、私は養子や義理の子、里子などがいる家族やひとり親の家族といった、それはそれで健全な家族構成がありうることは、十分、理解して書いています。

　私は多くのさまざまな家族と関わってきましたので、私が提供する情報の多くは、家族構成にかかわらず、あらゆるご家族のために役立つでしょう。しかしながら、支えになるパートナーなしで自閉症のお子さんを育てなければならないひとり親の方、あるいは、義理の親にあたる方が、既にある家族の一員となって、自閉症のお子さんの責任を負わなくてはならなくなるような、直接の血のつながりのない家族では、特別な問題に直面するかもしれません。例えば、健常な発達をしている義理のお子さんは新しい親を受け入れなくてはならないだけでなく、自閉症児のきょうだいの役割もとらなくてはならないのです。義理の子も義理の親もこのような新しい役割に困惑するかもしれません。

　同様に、きょうだい関係が血縁ではなく、養子というかたちで成り立っている場合には、養子にうまく対応しなければならないという問題を持つ上に、お子さんの自閉症によって引き起こされる困難をも抱えることになるでしょう。ある家族は自閉症児を、わかった上で養子に迎えることを選び、またある家族は養子縁組が決まった後にその障害に気がつきます。どちらの場合にしても、養子縁組の事実は家族に影響しうる、さらなる変数なのです（Brodzinsky & Schechter, 1990）。

　ひとり親であること、義理の親であること、里親であること、養子を受け入れた親であることといったこれらの問題のどれも、その人に特別な負担を与えることになります。自閉症のお子さんのニー

ズが,こうした基本的な家族のニーズに加わると,直面する多くのことがらについて専門的な機関に相談することが家族にとって役立つに違いありません。これは心理士や精神科医,ソーシャルワーカー,家族療法士,あるいは牧師カウンセリングを訓練した宗教的なアドバイザーであったりするでしょう。その専門家が自閉症者に関わったことがあればより助けになるでしょう。そのような人を見つけるためには,あなたの地域の自閉症協会支部を通じてという方法もあります。適切なセラピー経験のある家族や担任の先生,あるいは小児科医がよいアドバイスをくれるかもしれません。表1の家族や自閉症のお子さんへのサポートサービスを提供してくれる専門家リストを見てください。第4章で述べるように,あなたが自閉症のお子さんを育てる際に大変な問題に出くわしたときに家族や専門家に助けを求めることは大切なことなのです。

　自閉症児の家族の生活をより困難にする,時々,見落とされるもう1つの要因は,きょうだいが自閉症に関連した障害を罹患している頻度が高いということです。例えば,自閉症児のきょうだいが一般的な知能,読みやことばの問題をもつリスクが普通より高いことがわかっています (Folstein & Rutter, 1987)。なぜ,こうしたことがきょうだいによくみられるのか,正確には誰にもわかりませんが,その問題は,自閉症と遺伝的に関係しているように思えます。例えば,1981年にある研究者たちは41人の自閉症児のきょうだいを調査し,15人が知的障害を持っていたことを発見しました (August, Stewart & Tsai, 1981)。同様に,もっと昔の研究では,読みやことばの障害に関する家族歴が自閉症児を持つ19家族のうち5家族で報告されました (Bartak, Rutter & Cox, 1975)。

　私が知っているある家族は,自閉症児,もう1人の学習障害児,そして明らかに問題もなく発達している3人のお子さんを持っていました。ご両親は次から次へと特別な教育プログラムへと行き来し,

表1 援助ができる専門家

臨床心理士は心理学の学位をもっていて，国によって免許を受けたり，認定されたりしています（訳者注：日本では現在，国家資格ではなく，日本臨床心理士資格認定協会が認定します）。臨床心理士たちは苦痛を減らしたり，自己理解や健全な機能を高めたりするために，人間の行動や心の過程を研究しています。公的機関で働いていたり，個人開業していることもあるでしょう。お子さんに対する行動の介入，親の教育，診断，そして個人療法，夫婦療法，あるいは家族療法を行います。地域資源を見つけるのにコンサルテーションを行います。

家族セラピストはソーシャルワーカー，心理学者，精神科医，牧師カウンセラー，あるいは家族に関する専門家である夫婦療法家や家族療法家でしょう。

神経学者は脳機能に関する専門の教育課程を修了し，医学博士の学位を持っています。診断や薬物治療や地域資源に関してコンサルテーションを行います。

精神科医は精神医学に関する専門の教育課程を修め，医学博士の学位を持っています。医学教育をとおして，精神科医たちは人間の行動の基礎となる生物学上の要因を深く理解する専門家となります。そして，薬物治療や他の医学的な治療法を指示するための専門的知識を持っています。診断，薬物治療，そして地域資源に関してコンサルテーションを行います。個人療法，夫婦療法，あるいは家族療法を行うでしょう。

学校心理士は学校心理学での修士の学位または博士の学位を持っています。国によって免許を受けたり，認定されたりしています（訳者注：日本では現在，国家資格ではなく，日本教育心理学会が認定します）。学校，公的機関で勤務していたり，個人的に開業していることもあります。診断，お子さんへの行動の介入，親の教育，地域の資源，そして個人療法，夫婦療法，あるいは家族療法に関してコンサルテーションを行います。

特殊教育の教師は教育学での学士か修士の学位を持っており，国から免許を受けています。学校で常勤で，働いています。お子さんに対する行動の介入，親の教育，そして地域の資源に関してコンサルテーションを行います。

また，ある病院から次の病院へと往復することに多大な時間を費やしておられました。彼らの家族のニーズのバランスをとるために，最終的に，彼らには夫婦療法を受けていただき，無秩序に秩序をもたらすための努力をするに至りました。

幸運にも，ほとんどの自閉症児のきょうだいは学習上の問題を持っていません。しかし，きょうだいがそうした問題を持つ場合，自閉症児ほど問題にされません。しかしながら，きょうだいが学習上の問題を示す場合，彼らの潜在的能力を引き出すためには，かなりの援助を必要とするでしょう。こうした環境の下で，みなさんは2人かそれ以上のこどもたちの特別なニーズに応じることで忙しかったり，彼らが自分のきょうだい関係を培うのを手助けすることで忙しかったりするでしょう。

生涯にわたるきょうだい

兄弟姉妹は児童期だけではありません。これらの関係は少なくとも，形式的な意味において私たちの生涯にわたって続きます。多くのおとなたちにとって，最も長く，そして最もよく，自分を知っている者はきょうだいなのです。しかしながら，きょうだい関係の質は幅広く変化します。そして，兄弟姉妹に親密感を持っている人がいる一方で，深い生物学上のきずなを分かち合っている人にもかかわらず，その人についてほとんど知らない人もいます。私たちは友人関係を選べますが，兄弟姉妹は選べません。そして，たとえ私たちが情緒的に兄弟姉妹から離れていったとしても，彼らは私たちの人生の一部であることにかわりはないのです。

どのようにしてこどもたちが互いにうまくやっていくかについて考える際に，"普通"のきょうだい関係にさまざまな形があることを理解しておくと役に立ちます。きょうだい関係はこどもたちが成

長するにつれて変化するということも知っておくべきでしょう。兄弟姉妹がうまくやっていくための，たった1つの処方箋といえるものはないのです。

きょうだいのきずな

1982年に心理学者であるステファン・バンクとマイケル・カーンは異なった年齢，性，そして社会的環境を持つ数百のきょうだいを対象に，広範囲にわたる面接をして，きょうだいのきずなについて研究しました。彼らはこどもたちの間で情緒的なきずなを作る要因の1つとして，"近づきあい"のプロセスを示しています。こどもたちの年齢が近く，同性であり，多くの活動を一緒にしていた場合に，きょうだいのきずなが強くなり，近づきあいが最も起こっていたようです。

驚くほどでもありませんが，こどもたちの年齢差が大きく，比較的一緒にいることが少なく，異性であった場合に，近づきあいがあまり起こらず，後のきずなが弱くなってしまうようです。きょうだいが強いきずなを作るために，これらの特徴を共有している必要は必ずしもありませんが，それらの性質はそのような結びつきの強さの可能性を広げます。強いきずながいつも幸せなきずなであるというわけではありません。バンクとカーン（Bank & Kahn, 1982）は強いきょうだいのきずなとは，温かく，愛情に満ちているが，否定的で緊張に満ちている状態でもありうると指摘しています。きょうだいの間の結束感は喜びや痛みの源でありうるのです。

児童期初期

きょうだい間の相互作用はこどもたちが成長するにつれて変化します。5歳でのよい関係は15歳でのそれとは違っているでしょう。それにもかかわらず，そうした結びつきの基盤は児童期初期に築か

れます。児童期初期の思いやりや愛情は，後の親密感や世話を引き受ける態度の基礎となるのです。

児童期初期においてきょうだいについて考える最初のことがらの1つは，弟あるいは妹である赤ちゃんの誕生に対する年上のお子さんの反応や"きょうだい葛藤"という経験です。多くのことがらは赤ちゃんが生まれる時に変化します。例えば，弟や妹の誕生はあなたの他のお子さんとの関係が変化するということを意味します。あなたはもはや全てのエネルギーをそのお子さんに向けることはできません。こうした，お子さんに向ける注意という側面の変化はしばしば排便が自立しなくなってしまったり，引きこもってしまったり，攻撃的になったり，甘えん坊になったり，不安げになったりなどの年上のお子さんの少なくとも一時的な行動上の問題を引き起こします (Dunn, 1992)。しかしながら，こどもたちは，一時的な不安にもかかわらず，ほとんどが新しく生まれてきた赤ちゃんになじんでいきます。親の役割はこの適応の過程に欠くことができません。あなたがどのようにして赤ちゃんについてお子さんに話すかは，どれだけこどもたち2人が仲良くなっていくかに大切なのです (Dunn, 1992)。こどもたちは自分が未だに愛され，尊敬され，特別であるという支えや安心感を必要とします。一方で，自分の生活において新しい小さな見知らぬ者と一緒に暮らすことを学ぶわけです。赤ちゃんがその家族に加わる時，それがお子さんに与える影響をおとなは過少評価しがちなのです。

きょうだい関係における変化は1年1年続きます。兄弟姉妹の相互作用における重要な過渡期の1つは，年下のお子さんが3歳から4歳のころに起こります。この年齢までに，こどもたちは自分たちをこどものころの楽しい遊び仲間にしていく技術を身に付けます。この技術というのは，自分たちを，兄や姉にとっての楽しい遊び仲間にし向けてくれる複雑なことばや運動能力，社会的能力の全てを

含んでいます。結果として，年上のお子さんは年下のお子さんにますますの興味を持ち始めます (Dunn, 1992)。この年齢までに，友好と競争の両方の可能性が現れ始め，潜在的なきょうだいの相互作用の範囲はますます豊かで複雑になります。年齢の点でお互いにより近い幼いこどもたちは，4つかそれ以上離れているこどもたちよりもおそらくもっと多くの喧嘩や緊張状態を経験するでしょう (Buhrmester, 1992)。しかし，彼らはまた，より親密な情緒的なきずなを発達させもするのです。

家族生活の全体の質は，いかにきょうだいがお互いにうまくやっていくかということに重要な影響を与えます。望ましい結婚をし，じょうずに夫婦間の違いを解決している親御さんのところでは，おそらく同じことができるこどもたちが育つでしょう。同様に，こどもたちから見て，自分を上手に世話してくれる親御さんは，お互いにうまく関われるこどもたちを持つでしょう (Boer, Goedhart & Treffers, 1992)。上手な親であるということは，尊敬，思いやり，そして愛情を伝えること，人として期待していることがらや決まりごとが一貫していること，こどもたちの不適切な行動に明確な制約を設けること，そして予測できるような，ただし，柔軟性のあるお子さんの日課を与えることというような性質を含んでいるのです。

両親の間に深刻な問題がある家族においては，きょうだいがお互いにとって，重要な支えとなりえます (Jenkins, 1992)。しかし，きょうだい間の関係は，満足のいく両親からの愛や知恵の代わりとはなり得ません。このことは，両親が健全な結婚生活を維持することが，自分たちにとってだけでなく，こどもたちにとっても同じように大切であることをはっきりと示しています。

児童期中期と青年期

きょうだいの相互作用における変化は9歳から12歳ぐらいの児

童期中期に続きます。きょうだい関係の専門家であるジュディー・ダン (Judy Dunn, 1992) は，児童期中期においては，きょうだい同士がどのようにうまくやっていくかについて重要な変化があるといいます。この時期は，こどもどうしの相互作用が，より対等に，つりあいの取れたものになる時です。児童期初期は，きょうだい間における世話は，ほとんど年上のお子さんから年下のお子さんへ向けてなされます。しかし，年下のきょうだいが11歳か12歳になると，年上のお子さんはあまり世話をする必要がなくなって，よりつりあいのとれた関係をとるようになります。

12歳ぐらいになって年上のきょうだいと対等な関係を得た年下のお子さんは，世話する－世話されるという関係性の変化に加えて，支配関係をも変化させます。この世話と権力の関係がより平等になることは，両方のお子さんに利益をもたらします。年下のお子さんはより独り立ちした年齢に達することになるし，年上のお子さんにとっては，弟や妹の面倒をみる責任がもはやなくなり，青年期の目標を追い求める自由を得られることになります (Buhrmester, 1992)。多くのきょうだいが青年期に至る前の時期や青年期初期の頃に，比較的激しい喧嘩をしていたことを報告しますが，青年期中期やその終わり頃になると，その激しさがぱったりと衰えます。(Buhrmester, 1992)。

児童期初期と中期，前青年期においては，両親やきょうだいが，情緒的な支えや分かちあいという意味で，最も大切なものです。両親は，11歳か12歳ぐらいまでは，お子さんにとって一番の支えとなります。両親は，お子さんが問題を解決するのを助け，悩みを和らげ，活動や関心を共有します。しかしながら，年をとるにつれ，家族は友だちに比べてあまり重要性を持たなくなり，後に恋愛関係が意味を持ってくるようになります (Buhrmester, 1992)。このことは，家族が大切でなくなったということではなく，ただ，家庭の

外へと人間関係の比重が移ったということなのです。この移行は，西洋文化においては，こどもが十分に独立したおとなになることを可能にする，発達過程の一部分なのです。

成 人 期

きょうだいは，私たちの人生を通して重要であり続けます。家族のサイズが小さくなり，人生が長くなり，離婚や再婚が増えることによって，きょうだい関係は今日，100年前よりも重要なものになっています (Bank & Kahn, 1982)。友人関係は引っ越しによって失われ，結婚はダメになり，両親は死んでしまいますが，きょうだい関係はこのような変化があってもなお，維持されるものです。年をとると，きょうだいこそが現在と過去をつなぐ唯一のきずなとして残るのです。

きょうだいが自閉症だった場合

きょうだいの1人が自閉症児で，楽しい遊び，こどものころの荒っぽい遊びに通常のやり方で応じることができない場合，普通のきょうだい関係の形成にどのようなことが起こるのでしょうか。ゲームに妹が何の興味も示さなかったとすると，お姉さんがイライラして残念がるであろうことは容易に想像がつきます。しばらくすると，お姉さんは妹との関係を作ろうとするのをあきらめて，他の人との関係にエネルギーを傾け始めるでしょう。きょうだい関係は，おそらく悲しいものかよそよそしいものになってしまうのです。

学齢期のお子さんが，自閉症の弟が自分の部屋に入ってきて，数日かけて苦労して造った飛行機のプラモデルを壊したら怒るであろうことは理解できます。両親が自閉症のきょうだいにかかりっきりのようで自分に向けてくれる時間が全くないように思える場合，ど

んな年齢のお子さんでも，自分の存在価値や大切さに疑問を抱き始めます。この明らかな例を，我々は，マクガイア家のケビンとミッチにみることができます。ケビンは両親がミッチに費やす時間に腹を立て，両親が自分よりミッチをずっと愛しているのではないかと悩んだのです。

　もちろん，このような種類の欲求不満は何も自閉症児のいる家族に特有のものではありません。私たちのほとんどが，きょうだいに対して怒りを覚えたはずであり，きょうだいの方が自分より両親の愛情をもっと受けていると思ったことのない人なんてほとんどいないはずです。それゆえ，こども時代の普通の欲求不満と自閉症や似たような発達上の障害のあるお子さんをきょうだいとして持つことによる特別な影響とを，はっきりと区別することが重要です。この違いについては，後にこの章で述べます。

　自閉症児をきょうだいに持つこどもたちのほとんどが，自分の経験することをうまく取り扱うすべを学び，大きな困難な結果を示すことはないという研究結果を聞けば，みなさんは安心されるでしょう（McHale, Sloan & Simeonsson, 1986 他）。それにもかかわらず，自閉症のお子さんのいる家庭で育つということは，やはり特別なことを課してきます。このようなニーズとうまく付き合うすべを学べるお子さんもいますが，それに大変困難を抱えるお子さんもいます。自閉症児をきょうだいに持つお子さんの場合，めったに深刻な行動上の問題は示さないのですが，自分たちに課せられた特別なニーズを理解せねばなりません。もしあなたがこのようなニーズを理解してあげられるなら，お子さんの負担を和らげてあげることができるでしょう。結局，もしあなたのお子さんにとってものごとがうまくいくようなら，こどもたちはあなたにとってもうまくふるまってくれることでしょう。

姉 ／ 弟

　きょうだいの体験に関する初期の研究においては，主に，発達上の障害を持つお子さんと通常発達を示すきょうだい児の，誕生順（最初か真ん中か最後か）や年齢，性別に着目していました。例えば，姉と弟は時に他のこどもたちよりも精神的問題を示す危険性が高いことが明らかとなりました (Seligman & Darling, 1989)。しかしながら，年齢と性別の間のこの関係は複雑で，あまりよくは理解されておらず，いつも起こるとは限りません。さらに，姉，弟という2つのグループがより大きな困難にさらされていることがわかっていたとしても，私たちには，いったいどういった特有の精神的もしくは行動上の問題が彼らを悩ませているのかは依然わからないでしょう。初期の研究は，潜在的に問題のある箇所は明らかにしたのですが，あるお子さんを非常に不快にさせ，他の家庭のあるお子さんはそれにうまく対処するというように，家族の中でいったい何が実際に起こっているかについてはほとんど示してくれませんでした。

　より最近の研究では，発達障害を持つきょうだいと一緒に育つという体験を非常に詳細に調べています。例えば，心理学者のスーザン・マクヘイルたちは，6歳から15歳のこどもたちのほとんどが，そのきょうだいが自閉症であろうと，知的障害であろうと，通常に発達していようと，彼らについて，肯定的なことを語ることを見いだしました (McHale, Sloan & Simeonsson, 1986)。しかしながら，マクヘイルらは，きょうだい児の障害の状態によって反応がさまざまであるということも忠告しています。自閉症や知的障害のきょうだいとの経験について，非常に肯定的なことを言うお子さんもいれば，全く否定的なことを言うお子さんもいました。否定的なグループのお子さんは，よく，障害を持つお子さんの将来について心配し，また両親がそのお子さんのほうが好きなのだと思い込んでいました。

それに比べて、両親と仲間たちがその子の障害に肯定的に対応しているとみなし、実際に障害をよく理解しているお子さんは、そのきょうだい児と、より良い関係を持つ傾向がありました。

別の研究グループは、自閉症児のいるきょうだいとダウン症児のいるきょうだい、健常児のきょうだいとを比較しました (Rodrique, Geffken & Morgan, 1993)。それによると、自閉症児の両親は、心理学者が内在的・外在的問題と呼ぶような心配事をより多く報告することがわかりました。内在的な徴候というのは、私たちが内面的に経験する、抑うつや不安のことであり、外在的な徴候というのは、攻撃や反抗的態度、逃避というように、行動として外にあらわすことです。自閉症児をきょうだいに持つこどもたちの方に、これらの両方の問題がより頻繁にみられましたが、とはいえ、年少児の場合、これらは通常の範囲内にとどまっていました。加えて、良い面としては、自閉症児のきょうだいは他の2つのグループに比べて、自己評価について違いはみられませんでした。自閉症のお子さんのきょうだいの、より情緒的・行動的な問題についての知見は、他の障害を持つ子のきょうだいでいることよりも自閉症のお子さんのきょうだいでいることのほうが、ずっと難しい経験をすることが多いことを支持し、また、両親がきょうだいのもがき苦しみに注意を払うことの大切さを明確に示しています。

これらの研究・調査の両方は、いろんな年齢層のきょうだいとともに歩んだ私自身の経験と一致しています。多くのきょうだいは、自分のきょうだいの特別なニーズの影響に、柔軟に対応しているようです。それでもなお、きょうだいが自閉症である家庭に育つ、という難しさがあるのです。この本の目的は、読者のみなさんがこれらの潜在的な問題を理解し、そういった問題が及ぼす影響を最小限にできるよう手助けすることにあります。

特別な負担

　研究者のミルトン・セリグマンとロサリン・ダーリング（Seligman & Darling, 1989）は，自閉症児のきょうだいが，うまくやっていくのを学ぶのに手助けがいるであろうと思われるいくつかの領域を指摘しています。これらの領域の1つは，情報のニーズです。両親は自閉症の性質について，こどもたちに率直に，あるいは効果的に伝えることができないかもしれません。情報がないということで，お子さんの心の中は，間違った情報や，恐れや，想像でいっぱいになってしまいます。彼らは，自分たちなりの説明を作りあげたり，自分たちがきょうだいを傷つけたのではないかと不必要に心配したり，自分たち自身，あるいはきょうだいの将来の生活が，現実よりももっと暗いものだと想像したりするかもしれません。

　年下のお子さんは特に，期待と現実を区別するのに苦労し，きょうだいの障害にとても困惑するでしょう。たとえ，"自閉症"ということばを耳にしても，それが何を意味するのかわからないかもしれません。例えば，何か良くない行いや怒りの思いが自閉症を引き起こすのだとか，あるいは風邪をひくように自閉症に"かかる"のだと恐れるのです。事態をより悪くさせるのは，ケビンとミッチのケースにおいて先に記したように，こどもたちは，両親を困らせたくないし，怒りや嫉妬や憤りといった自分自身の感情を恥ずかしく思っているので，質問したり問題を起こしたりするのを恐れていることです。このような状況で育ったこどもたちは，感情を隠し，自分自身の感情を否定して，その結果，感情と行動の不一致を示すようになるのです。そのような不適応行動は，彼らがおとなになった時に，人との親密性という能力に影響を及ぼしうるし，他の人々との関係にバリアを作ることもあります。幸いにも，両親はこうしたこどもの頃の心配事に気づき，うまく対応することができるのが普通です。しかし，自閉症についての理解のなさは，自分自身の生活

をしていく権利を持つ，個としての特別な人間であるというきょうだい児の感情をも傷つけてしまいかねません。過剰にきょうだいに同一化し，障害に責任を感じるこどもたちもいます (Seligman & Darling, 1989)。情報のなさは，通常に発達しているお子さんが，個としての人間できょうだいの附属ではないというように，自分自身についての明確な感覚を持つことを難しくさせてしまいます。例えば，ある少年は，自閉症の弟が一緒に行けないので，サマーキャンプに行くのに気が乗りません。この子には，弟から離れて別々の幸せな生活をする，ということの理解が難しいのです。こんな傾向が，もしもずっと続いたら，特別な1人の人間として存在するという基本的権利を主張できないおとなになるという結果を生みかねません。健全なおとなの関係をつくるために，他の人だけではなく，自分自身のニーズの大切さを認める必要があるのです。もう一度申し上げますが，敏感なご両親は，そのような問題の種をよく見つけることができるのです。

　2章では，あなたがお子さんに自閉症についてどんなことを伝えたいのか，そして，情報をお子さんの年齢に応じてどのように伝えられるのかを述べます。この情報はあなたのお子さんに，きょうだいがどのような特別なニーズを持っているのか，なぜ，親が自分たちに対するのと違う形で接するのかについての，現実的な感覚を持ってもらうためのものです。

　自閉症のお子さんは，普通，遊び友だちになってほしいというきょうだいの期待にうまく応じることができません。すでにこの章で記したように，3，4歳の頃には，通常に発達しているこどもたちは，兄や姉の本当の仲間になり始めます。例えば，おままごとで"赤ちゃん"役になったり，あるいは裏庭で大騒ぎを楽しんだりします。対照的に，同じ年齢のとき，自閉症の妹や弟は，たくさんのやっかいな自閉的行動をして，遊び友だちになるのが不可能ではな

いにしても，難しいのです。自閉症のお子さんは，きょうだいに関わられると，おもちゃを壊したり，攻撃的になったり，激しいかんしゃくを起こしたりすることがあります。通常に発達しているお子さんが一貫して遊びを拒否される経験をすると，きょうだいと遊ぼうという気持ちを萎えさせてしまいます。5章では，お子さんが自閉症の兄弟や姉妹と遊び友だちになる際に助けとなる技能を，どのように教えたらよいのかについて述べます。これは，お子さん同士のきずなを強めるのに役立つでしょう。

　世話をするということは，通常に発達しているきょうだいにとって，潜在的に問題があるとみなされてきたもう1つの領域です (Seligman & Darling, 1989)。年上のこどもたち，特に知的障害のお子さんのお姉さんは，世話をするという役割において，他のきょうだいよりも多くの時間をさくようです (McHale & V. Harris, 1992)。例えば，あるきょうだいは朝，自閉症の弟が服を着るのを手伝い，ご両親が夕食を準備している間，弟が遊ぶのを見守ります。年下のお子さんが11歳か12歳になったときに普通，互いの世話をやくという役割はきょうだいの間で同じ程度に分担されるようになってきますが，年下のお子さんが自閉症である家族ではそうはいきません。その結果，ご両親が，お姉さんである娘さんのニーズに特別に敏感でない限り，彼女は，思春期の自立の過程でより難しい時間を過ごすことになるでしょう。ご両親は，思春期のお子さんをありがたいお手伝いさんにさせてしまい，それによって，娘さんの社会性の発達を妨げてしまうような危険性に気を付けなくてはならないのです。

　このようなお世話関係の不公平さは，年上のきょうだいと同様に，年下のきょうだいにも影響を及ぼします。年下のきょうだいにとって，普通の役割が逆転してしまうと，とりわけ当惑させられてしまいます。例えば，ある9歳の妹さんは，他の家庭で見たことがある

のとはあまりにも違った形で，年齢不相応に自分が13歳のお兄ちゃんの世話をしていることに気づきました。彼女は，自分より年上で体の大きなお兄ちゃんのお世話をすることを腹立たしく思ったり，自分がお兄ちゃんのお世話をしているところを友だちに見られるのを恥ずかしく思ったり，自分が年下なのにお兄ちゃんより能力が高いことに罪の意識を感じたりしてしまいました。ふつう，年上のこどもが年下のこどもの世話をするので，友だちとは自分がこの点で異なることにはっきりと気づいてしまったわけです。その違いについての感覚は，お子さんを怒らせたり，恥ずかしくさせたり，戸惑わせたり，悲しくさせたり，あるいは反抗させたりすることになります。彼女はお兄ちゃんと一緒にいることを避けたり，お兄ちゃんが家にいるとき友だちを遊びに呼びたくなかったり，あるいはことによると，友だちがお兄ちゃんをからかったとき，加担したりするかもしれないのです。

　きょうだいの世話のお手伝いは，他の活動のための機会と注意深くバランスをとれば害になることはありませんが，過度の負担は，お子さんの発達や好ましいきょうだいのきずなを損ないます。通常に発達しているきょうだいは，自閉症のきょうだいの補助的な親ではありません。そして，大きな責任を持つように期待されるべきではないのです。その一方で，それぞれのお子さんは家族の幸福のために貢献すべきであることに違いはありません。

　ここで難しいのは，こどもたちの年齢相応の方法を見つけることです。4章では，あなたが責任と権利について，こどもたちとどのようにじょうずに話し合うことができるか，そしてあなたが自閉症のお子さんに，目をかけなければならないことが多いのは，自閉症ではないきょうだいを自閉症のお子さんより愛していないからではないことを，どのように理解してもらうといいのか，ということについて述べます。この章では，また，家族の責任と機会の分配につ

いても述べます。

　私たちは，誰でも腹を立てることがあります。自閉症のお子さんのきょうだいがこの感情にもがき苦しまなくてはならないことは，驚くことではありません。もしきょうだいが特別なニーズを持つお子さんのために過剰な責任を負わされるなら，もし自分自身の社会生活が制限されていると感じるなら，もし自分が両親の関心を失うなら，もし家族に潤いがなくなったら，怒りは起こって当然です(Seligman & Darling, 1989)。ケビンとミッチ・マクガイアのケースでは，ケビンは自分の嫉妬の感情を恥ずかしく思っていましたが，両親がたくさんの時間を使ってミッチの世話をして過ごすことを腹立たしく思ってもいました。放課後の時間のほとんどを，自閉症のきょうだいのお世話をして過ごさなくてはならないきょうだいは，妹のかんしゃくのために友だちを家に呼べないと感じているうえに，両親の注目を得るための競争においていつも敗者なので，とても大きな怒りを感じているかもしれません。4章では，家族のメンバーのニーズのつりあいをどのようにとるかということは，難しいことではあるけれども，欠くことのできない技術であることを論じます。

　起こりうる問題だけに焦点を当てないことが大切です。発達障害のお子さんがいる家族には，喜びがあふれています。他のこどもたちは，自閉症のお子さんの成し遂げたことに誇りを持つことができます。例えば，話せるようになるとき，スペシャルオリンピックに参加するとき，他のこどもたちと一緒に自転車に乗るとき，協力して遊ぶことを学ぶとき，達成の気持ちを分かち合うときなどです。もちろん，きょうだいは，自分自身の達成感を喜ぶたくさんの機会を持つべきです。特別なニーズを持つきょうだいと共に育つということは，あなたのお子さんにマイナスであるだけでなく，プラスの効果をもたらします。とてもじょうずにやっている家庭では，全ての家族が互いの達成を喜び合い，お互いを親密に感じます。なぜな

ら，彼らは難しい状況をじょうずに取り扱ってきたことや，人生のたくさんの困難にうまく対応できているという実感からくるとびきりの喜びを知っているからです。

自閉症，知的障害，あるいは運動障害を伴うお子さんのきょうだいとしての経験により，きょうだいたちは他の場合なら学ぶことができないかもしれない忍耐や寛容さを教わると，おとなの方はしばしば言うでしょう。特別なニーズを持つお子さんがいる家族の一員であることが，その人の職業選択にも影響を与えることさえありえます (Selingman & Daling, 1989)。あるお兄ちゃんは，自閉症の妹さんとの生活から"いつくしみ"の感覚を学び，この価値感をおとなになっても役立てていくでしょう。そして，例えば，医者，あるいは特殊教育の教師になりたいと決意するでしょう。私の同僚のうち何人かは，自分自身の家族において，じかに経験をして，自閉症領域に入りました。私はまた，こどもの頃に学んだことを生かして，特殊教育の教師や心理学者になることを決意した何人かの自閉症児のきょうだいも知っています。一方，兄弟姉妹に対して，すでに，たくさんの貢献をしてきたので，これ以上，人に対するサービスをしなければならない職業にはつきたくないと思うこどもたちもいるかもしれません。どちらの選択も，もしそれが自由になされたのであれば健全なことです。

成 人 期

私は，きょうだい関係は，人生を通じて続いていくものだと先に述べました。良い条件のもとでは，人生を通じて，愛しい仲間との親密な分かち合いが可能であることを意味しています。しかしながら，きょうだいが自閉症を持つ時，それはきょうだいへの持続的な責任をも意味します。両親が生きているあいだは，きょうだいの世話の役割は，一般的にそれほど大したものではありませんし，ほと

んどのお母様方がきょうだいへの重大な責任を緩和したいとおっしゃいます (Holmes & Carr, 1991)。しかしながら，親が死んだり，世話ができなくなったりした後は，このパターンは変わります。例えば，ある家庭では，自閉症のきょうだいをアダルトホームに入れる場合があるかもしれません。多くの家庭では，グループホームあるいは管理寮に住まわせ，そのきょうだいとの接触をし続けながら，そこで起こるさまざまな問題に対処しようとするでしょう。これらの責任は過度であったり，重苦しいものではなく，しばしば1人のきょうだいから他方への愛情表現としてみなされるようです。しかしながら，その人自身のこどもたち，年老いた両親，結婚や仕事に対する責任と，自閉症のきょうだいの継続的なニーズが重なった時，重大なさらなる負担が生じうるのです。加えて，ある自閉症のきょうだいのいるおとなの方は，親御さんの死というつらいできごとに直面し，きょうだいからの慰めが得られず，悲しみの気持ちを私と分かち合ってきました。むしろ，こうした方々は悲しみを1人で耐えなければならず，同時にきょうだいの今持っているニーズに答えなければならないのです。

　こども時代に自閉症のきょうだいとうまくやっていけなかったきょうだいでも，おとなになって，さらに負担を強いられるだけではなく，新しい良い機会に巡り会えることもあります。自閉症のきょうだいへの感情を十分に理解しないまま，あるいはこれらの感情をうまく処理できないままに，成人期に入る人もいます。こども時代に十分に処理できなかった怒り，嫉妬，悲しみの感情は根深く残って，おとなとしての行動に影響するでしょう。例えば，私が知っているある女性は自閉症のお兄さんが家に来る時はいつでもお兄さんに対して怒りを抑えられないために，セラピーに参加しました。彼女は，自分の怒りがお兄さんの今の行動というよりも，こどもの頃のお兄さんとの間で起こったいろいろな記憶を思い出して不安にな

ってしまうことに関係していることに気がつきました。他の例をあげれば、ある温かく、優しい女性の方が、きょうだいに対して自分の我慢が続かないことを悩み、怒ってしまうことがなくなるように望みました。短期間の個人セラピーで、彼女は怒りを感じることが少なくなり、自分自身、両親、きょうだいへの理解を新たにすることができました。

　自分の楽しい人生を夢見ている青年や若者にとって、きょうだいの世話をするこれらの責任を思うと、とても心配になります。ある若い女性は、自分の家できょうだいを世話することを期待されていると感じ、この状況で誰が自分と結婚してくれるだろうかと考えるかもしれません。自分の生むこどもが自閉症を持つかもしれず、こどもを生むより養子をもらったほうがよいのではないかと考えるかもしれません。また、自閉症のきょうだいに対して責任を感じるために、他の街へ引っ越すことは申し訳ないと感じるかもしれません。これらの感情や心配を探る若者に、ご両親が手助けすればするほど、ことはよりよくすすんでいきます。例えば、もはやご両親が自閉症の下のお子さんのお世話ができなくなる時、弟と一緒に住むことを両親から期待されていると考えているために、とても不安になっている若い女性にとって、両親が自閉症の弟さんをグループホームに移そうとし、お姉さんの方には時々彼を見ることだけを望んでいるようだとわかれば、彼女はとても楽になるかもしれません。3章はお子さんのこうした問題を探るのに役立つコミュニケーション技能に焦点を当てます。

おわりに

　私は兄弟、姉妹間の関係をおおまかに調べてきて、多少なりとも怒りや競争心、憤慨を感じることはあらゆる関係において普通のこ

とであると述べました。きょうだいの相互作用の性質は時によって変化するけれども，多くの人々は，長い間続くきょうだいとの情緒的な意味ある関係を築くのに十分なほど幸運な状態にあります。自閉症児のきょうだいにとって，よりよいきょうだいのきずなを築くことは，他のこどもたちよりも難しいかもしれません。学習する力，あるいは健常児と遊ぶことの能力に難しさを抱えた自閉症のお子さんは，他のこどもたちよりも多くの世話が必要かもしれないし，通常の自立の過程に沿わないかもしれません。ほとんどのこどもたちは，きょうだいの特別なニーズにうまく対応することを学ぶけれども，彼らの適応の過程で親御さんが助けることのできる多くのことがあるのです。この本の残りでそれらの機会について考えてみましょう。

親御さんの話

　自閉的なきょうだいがいるということは，サムとマーサにとってちょっと意味が違っています。何番目に生まれたのかとか性格とかが，きょうだい関係に影響していると思います。例えば，お兄ちゃんのサムはいつもトミーを赤ちゃんとして見てきました。私たちがトミーのために特別に費やさなければならなかった全ての時間を含めて，サムはトムのニーズを理解してきました。サムは小さい時，自分のおもちゃに触わったり，自分の部屋を散らかしたりすることをトムに怒っていました。彼が成長するにつれて，年齢以上に優しさを示すようになりました。私はそのことで彼は親切で優しい人になったと思います。

　マーサはトミーに慣れるのがより難しかったようです。彼女は4歳年下で，トミーはしばしば彼女を叩いたようです。彼女はトミーと関わるのにたくさんの問題を経験し，今に至るまでに長い時間がかかりました。彼女はトミーをとても愛していますが，同時に怖がってもいます。彼女

はトミーを年上だとわかっていますが，弟として考えています。

　トミーはきょうだいたちに大きな影響を与えてきたのです。そして，おとなとして彼らが成長するのになにがしかの影響を必ず及ぼすでしょう。

＊　＊　＊

　私がこどもの時，自閉症である私の兄，リッチは家の中で一番，注目を浴びているこどもでした。おとなになった今では，両親がとても大変な状況にあったことを理解できますが，小さい時にはそれを理解するのは難しかったのです。私はリッチが大好きで，妻と私は休日には一緒に過ごすために彼を招待します。でも，彼が来る時には自分のこどもたちに，リッチおじさんのために，パパがなぜたくさんの時間をさいて世話をしてあげなければならないのか話すように心がけています。

　私は小児科医になったことは偶然ではないと思います。私が成長する間中，リッチが治る方法があればと祈り続けていました。

＊　＊　＊

　スタンは7歳で自閉症です。姉，サリーは9歳です。私はスタンのような小さな弟と一緒に成長することがどんな意味を持つのかとても心配です。私はサリーに友だちを家に連れてきてほしいし，あまりスタンのことを怖がって欲しくないです。私は我が家が少し他の家と違うことはわかりますが，そのことが彼女の成長の過程で，どのような情緒的な影響を及ぼすのかわからないのです。

＊　＊　＊

　私がアートについて最も心配しているのは，アートとジャックが一緒に成長する中で，アートはジャックをどのように感じているだろうかということです。この子が5歳のこども，アートで，今，11歳の兄ジャックに，何かについて，それをどうすればいいか話しているようです。私はアートが大きくなっていくにつれて，ジャックのことをどんなふうに考えるようになるのだろうと心配なのです。年上のきょうだいが小さなこどもの面倒をみるのが普通のことでしょう？　私はそのことでアートが戸惑うのではないかと心配なのです。

* * *

　ジャスティンはそれはすばらしい子です。時々，おりこうすぎると思うこともあります。彼は時間のほとんどをアリーという自閉症の妹と過ごします。ジャスティンは彼女のためにすることが，まるで仕事のようにふるまうのです。私はジャスティンがいつかそれを不愉快に思うようにならなければいいが，と思うのです。アリーが自分のこども時代を盗んだように感じることがなければいいのですが。私はジャスティンの手助けをありがたく思ってはいますが，しすぎないでほしいのです。とはいえ，どれくらい手伝ってもらえばちょうどいいのか，わからないのです。

Chapter 2

どうしてあの子はそうするの？
こどもたちに自閉症を説明しましょう

ジャンセン家

　トム・ジャンセンは末っ子の息子の涙にぬれた顔を見て，椅子からさっと立ち上がり，その息子の前にひざまずき，彼を両腕に抱きしめました。ディックは泣いており，衣服はほこりまみれで，手はすりむけていました。"おまえ，どうしたんだい？　何があったんだい？"最初，ディックはあまりにも激しく泣きじゃくっていて，答えることができませんでしたが，しだいに父親の両腕が心地よかったためか，落ち着きを取り戻し，話をし始めました。

　その土曜日の朝早くに，ディックの母親は2区画も歩かないぐらいのところにある床屋に彼を行かせました。そして，その途中で，ディックは学校の何人かのこどもたちに出会いました。ディックは彼らに見覚えはあったのですが，彼らは6年生であり，ディックは3年生なので彼らが自分を知っているとは思いませんでした。その時，その男の子たちの1人がディックに大声で呼びかけました。"おい，ディック，何してるんだ？"ディックはその年上の男の子に気づいてもらえたことをうれしく思って，はにかんで笑いました。そして，散髪に行くところだと言いました。ディックの腕をつかんで，その男の子はちょっと待てと言いました。それから，その男の子はディックの兄について尋ね始めました。"それはそうと，おまえんところのあの無口な兄さん，どうかしてるんじゃないか？　ど

うしてあいつはいつもあんなにへんなんだ？"ディックは怒りました。"お兄ちゃんのことは放っといてよ。お兄ちゃんは大丈夫だし、別に君を困らせてはないよ。"その年上の男の子は笑いました。"もし，おまえがあいつは大丈夫だと思うんなら，おまえも，けっこうへんなやつだな！"ディックはぐるりと向きを変え，彼をいじめるヤツの１人を押しのけようとしました。その男の子たちは再び笑って，ディックを押し倒して，立ち去りました。

ディックはことばが父親にあふれ出てくるにつれて，涙で胸がいっぱいになり始めました。"マルは何が悪いの？ どうして兄ちゃんは話そうとしないの？ たぶん，マルはただ話したくないんだ。お父さん，ヤツらは正しいよ。マルは時々とても不思議なことするんだ。僕はマルに普通のお兄ちゃんになってほしいだけなんだ。お父さんがマルは自閉症だと言うのはわかっているよ。でも，どうしてマルはあんなに不思議な感じでなきゃいけないの？ 僕はマルを守ったよ。だけど僕は，どうしてマルがあんな感じなのかわかんないよ"。ディックは，息が詰まるほどに怒りと悲しみの気持ちがごちゃ混ぜになって黙り込んでしまうまで，ことばがどんどん出てきました。

トム・ジャンセンがその話を聞いた時，目に涙が浮かびました。小さいのにかわいそうな子だ。なんてつらい思いをしたんだ。トムと彼の妻であるアリスがこの近所に引っ越して来た時，彼らはディックがほとんど白人の地域社会の中で，わずかなアフリカ系アメリカ人のこどもの１人として成長することはどのようなことであるのかについて悩んでいました。ありがたいことに，いくつかの不愉快なできごとを除いて，それは重大な問題ではありませんでした。しかし，いまや人種差別の代わりに，自閉症を持つ兄と一緒に育つことについて，負担ばかりがありました。深い悲しみを感じて，トムはディックが日常生活で時々出くわす人種差別に，どのように対処したらよいかを学ぶのを手助けしていたのと同様に，トムはまた，ディックが自閉症を理解し，他の人々の反応をどのように処理したらよいかを学ぶのを手助けする必要があると実感しました。ディッ

クが，これらの負担を抱えなければならないことは公平ではないかもしれません。しかし，それにもかかわらず，それらの負担は彼のものであったし，彼はそれらの負担をどのように扱ったらよいかを学ばなければならないでしょう。

はじめに

　ディック・ジャンセンが自閉症者のことで，耐えられない状況にめぐりあってしまったことは，何も彼に特別なことではありません。私たちの多くは，他の人々が，自閉症について，頭にくるような誤解をしていることがわかってしまう同じような経験をしています。それは，庭へ入り込んでいった時に，あなたのお子さんをどなりつける隣人であったり，お子さんがかんしゃくを起こした時に，あなたを責め立てるスーパーマーケットにいる，あかの他人だったり，お子さんを家に置いてくるか，そうでなければ親戚のピクニックに来ることを遠慮してもらおうと暗にほのめかす叔父さんであったりするでしょう。これらの経験はあなたを怒らせ，悲しませ，恐がらせるかもしれません。たとえどんなに他の人々の行動がめちゃくちゃであっても，少なくとも，あなたはお子さんの真実を理解しています。そのため，あなたはこどもほど，これらのことばの責め立てに傷つきやすくはありません。ちょうどこうしたおとなたちのように，恐怖感や無知，あさましさから障害を持つ人に反応するこどもたちも時にいるでしょう。その種の経験は家族の誰にもにとって痛ましいものになりえますが，とりわけお子さんにとっては，そうなります。それは人生の残酷な瞬間の1つなのです。

　ディックのつらい体験の場合でも，ディックもまた，自分の兄の何に問題があるのかについてほとんど理解していないことが明らかになりました。例えば，彼はマルがただ話したくないのではないか

と思っていました。その種のことばはいかにディックが自閉症についてほとんど理解していないかを示しています。トムはディックが自閉症とは何であるかを理解し、自分の持つ事実に基づく情報に自信を感じ、兄のために直面するかもしれない、意図的な、あるいは偶然の侮辱的言動に対処するのを手助けしなければならないでしょう。どんな理由でも、差別は間違っているし、それはいつも人を強く傷つけるものです。しかし、人は自分に自信や理解力があると感じる時に、耐えることや張り合うことが、多少は容易になるでしょう。ディックは自分自身、マルを理解していなかったために、ディックをいじめたものに対して対抗することばをもちませんでした。それで、彼は忠実に自分の兄を守ろうとしましたが、かえって混乱して、打ちのめされてしまったのです。

多くのこどもたちは興味ありげに、時に親切に、あるいは現実問題としてとらえて、別のこどもの身体的あるいは精神的な障害に反応するのでしょうが、知らないで、あるいは恐れて、時に残酷にすら、反応するこどもたちもいるでしょう。自閉症のお子さんのきょうだいにとって、これらの否定的な反応は、特別なニーズを持つ兄弟や姉妹と一緒に育つ過程において、もう1つの苦しい圧力になりうるのです。親として、あなたは児童期の世界で起こる問題の全てを予測することはできないし、あなたのこどもたちを、将来、直面する不幸の全てから守ることもできません。しかし、あなたの側でいくつかの計画を立てることによって、きょうだいが自閉症を理解し、好奇心の強い、あるいは気持ちを傷つけるような他のこどもたちの反応にどのように対処したらよいかを知るのを手助けすることはできるのです。

無知に立ち向かい、他のこどもたちに教えることは、そのきょうだいにとって重要な技能です。しかし、きょうだいの情緒発達にとっては、自閉症を理解することのほうがより大切です。自閉症児の

きょうだいは，その障害のことを知るべきです。自閉症についてわかっていないと，恐れが生じ，その恐れによって，お子さんの自分自身やきょうだいとの関係についての意識をだめにしてしまいます。例えば，お姉ちゃんが自閉症の弟を，他のこどもに対してするようにいじめるかもしれません。そして，弟をいじめてしまうことで良心がとがめるかもしれません。同じように，弟に対して嫉妬してしまうことや怒ってしまうことに罪悪感を感じるかもしれません。彼女は自閉症が何かについて知る必要があり，そして，弟の状態に対する自分の反応の意味を理解する必要があります。そうすることで，彼女自身も，そして弟に対しても落ち着いていられるようになるのです。

こどもたちが自閉症についてよく知り，自分自身とそのきょうだいを受け入れ，こどもの世界でうまくやっていけるように手助けするには，そのこどもにとって意味のあるやり方で障害について話せることが必要です。より正確にいえば，障害についてどのように伝えるかは，お子さんの発達段階によって異なります。この章では，年齢の異なるこどもたちにどのように自閉症を説明するかということについて述べます。みなさんにもすぐにおわかりいただけるように，どのような情報を伝えるべきかを考えるには，お子さんの年齢が重要な要素になります。

お子さんに知らせることに熱心すぎるあまり，一度にたくさんすぎる情報を押し付けるという過ちを犯してはなりません。例えば，もし，あなたの娘さんが，どうして弟くんが他人の質問に答えるのではなく，それをただ繰り返すのかと尋ねてくる場合，娘さんは，エコラリア（オウム返し）についての簡単な答だけで満足するのであり，自閉症にまで広げた説明を聞いているわけではありません。だから，このように答えておけばよいのです。"あの子は，ママの質問の答を知らないから，ママが言ったことを繰り返すの。もっと

大きくなったら答えるためのことばがわかるようになるから，繰り返しも減るわよ。"

　質問してきたらきちんと教え，機会があるごとに自閉症の話題に触れるとよいでしょう。しかし，教えすぎてもいけません。こどもたちは普通，生じた問題に取り組むために，特別な情報を欲しています。たいていの場合，こどもたちはあなたの答に満足したら，話題を変えるか，もっと何か言いたいの？　と言ったり，率直に，今はもうこれ以上聞きたくないと言うことで，合図してきます。それを尊重することです。お子さんのこども時代の全てをかけて，お子さんが知るべきことを学ぶのを，あなたは手助けすることができるのですから。

こどもたちの自閉症理解に及ぼす発達の影響

　時々，親御さんの中に，我が子にとても小さいときから自閉症について教えたら，こどもが自閉症を理解したとおっしゃる方がいます。確かに，3歳か4歳の時に，その年下のきょうだいが"ボクのお兄ちゃんは自閉症なの。"と言うかもしれません。この見かけ上の理解は，自分が秘密の無い家族の雰囲気を築いていて，こどもたちに自閉症についてよく教えていると思い込んでいる両親に，間違った安心感を抱かせます。それゆえ，こどもたちが障害について間違った情報を抱いていたり，困惑しているのに気づくと，困ってしまわれるのです。あるお母様が私に，娘さんが生まれたその時から，家庭では"自閉症"ということばを使っていたにもかかわらず，娘さんがある日，そのとき6歳だったのですが，自分の所に来て，"ママ，自閉症って本当は何なの？"と聞いてきたのにはびっくりしたとおっしゃっていました。私たちはこれと同じ困惑を，自分の弟が自閉症だと知ってはいたのに，そのことばが意味することにつ

いてはほとんど知らなかった，ディック・ジャンセンのケースにもみることができます。

　こどもの発達について研究している心理学者にとって，こどもが，よく知っていることばとして"自閉症"という用語をとらえて育ちながらも，それが何なのかについてはよくわからないでいるということは驚くに値しないことです。こどもは，意味を理解する前にことばを使うからです。それゆえ，3歳か4歳の男の子が自分の姉が自閉症だという場合，お姉ちゃんは光をじっと見ている，とか，お姉ちゃんはあんまり話をしない，という以上のことを意味してはいないのです。自閉症という概念は，非常に抽象的ですので，十分に大きくなるまでこどもたちはきちんと理解することができません。したがって，お子さんに伝える情報は，発達的にみて適当な方法で話してあげることが大切ですし，また，その情報はお子さんが成長する中で，よりおとな向けの，複雑なことばを少しずつ使っていきながら，何度も何度も繰り返し伝えることが大切です。自閉症についてのこれらの指導は何度も何度も行われなければならないのです。

幼いお子さんにとって

　ほとんどの親御さんは，性教育をする場合は，お子さんの年齢に応じて情報を与えることが大切であることをわかっておられます。"赤ちゃんがどこから来るのか"について幼いお子さんに伝える簡単な考え方は，青年に伝えるような，より複雑な情報とは全く異なります。同じように，とても幼いお子さんにとっては，自閉症というのは，特殊で具体的な行動に関連させてしか理解できません。2歳のころは，"何？"という質問に集中し，際限なく物の名前を尋ねます。この年齢のお子さんにとって，自閉症とは，おもちゃの自動車を全部一列に並べるとか，コーンフレークを床にばらまくとか，黄色のスクールバスに乗ることだというだけのことなのです。あな

たが、"自閉症"ということばをこの年齢のお子さんとの会話に用いているとしても、そのお子さんは、ことばとしてそれを理解することはまだできないのです。お子さんの世界では、まだ、特定の行動に焦点が当てられていて、そうした行動が起こったときに、肯定的にしろ否定的にしろ、それに反応しているにすぎないでしょう。

かんしゃくを起こしたり、手の指をひらひら振ったり、光を見つめたりというような（自己刺激的な）反復の多い常同行動をしたり、あるいは他の人に攻撃的であったりということは、自閉症のお子さんにとってまれなことではありません。これらの行動は、家族みんなにとって悩みの種であり、きょうだいにとっては特別な心配のもととなります。小さな女の子は、兄のかんしゃくや攻撃性を怖がり、自分自身の安全性におびえ、兄の行動に戸惑うかもしれません。とても年下のこどもたちは、他のお子さんと一緒にいるとき、そのお子さんのある行動がコントロールできない行動と直接感じた時に、特に不安に感じているかもしれないのです。

説明は割合あまり役に立ちませんが、具体的な介入は有効です。例えば、女の子がきょうだいのかんしゃくを怖がっていたら、慰めてやって、安心させてやるべきです。その後で、彼女がお兄ちゃんと一緒にボール転がしのようなシンプルなゲームで遊んで立ち直り、そして楽しめたら、それはどちらにとってもよいことです。お兄ちゃんが自閉症だという事実は、2，3歳のお子さんにとって、あまり意味を持たないのです。

典型的な4歳児は、なぜ空は青いの？から、なぜもう寝なきゃいけないの？に至るまで質問でいっぱいです。ご両親は、これらの質問は時に、際限なく続くことをわかっておられます。お子さん："なぜ、草は緑なの？"おとな："きれいに見えるからよ"（あるいは、神様が緑にしたのよ。あるいは、その中に、上等の緑色の絵の具が入っているからよ。）お子さん："なぜ、草はそんな

にきれいなの？"など，時に我々の我慢が続く限り続くのです！この女の子の好奇心は終わりがないようです。その子に自閉症のお兄ちゃんがいるなら，何で話せないのと聞くでしょう。そして，お兄ちゃんは自閉症なので黙っているのだということをおそらく受け入れることになるでしょう。しかし，自閉症という意味概念が何であるかについて，より抽象的なレベルで理解する能力は，明らかにまだ携えてないのです。実際，その子はできる限り簡単な説明で本当に満足しているようです。"自閉症"ということばをこの年齢のお子さんは用いることもあるでしょうが，葉緑素が草を緑にするんだよと言われても理解できないのと同じように，そういったことばを理解することを期待してはいけません。だからこそ，質問の答は，シンプルであり続けるべきなのです。例えばこうです。お兄ちゃんが泣いてるけど，それは怖がってるからだよ，とか，お兄ちゃんはお話ししないけど，それは，お話のしかたがまだわかんないからなんだよ，とか，お兄ちゃんは手をひらひらさせるけど，それはワクワクしているからなんだよ，とかです。シンプルな説明は，明確で，事実に基づいていて，具体的です。

　6，7歳になると，こどもはことばの中に"～だから"を用いて，身の回りのできごとに簡単な説明を付け始めます。しかし，お子さんの説明は間違った仮説に基づいていることもあります。例えば，ある男の子には同い年の2人の友だちがいるのですが，女の子の友だちのほうが背が高いから年上だとみなします。この年頃のこどもたちは，あふれるような空想や神秘的な考えに没頭しています。この，ごっこ遊びをする能力は，幼児期の不思議の1つでもあり，また，悩みの種の一部でもあります。例えば，自閉症のきょうだいについて物語を作り始めます。ある日，ある男の子がきょうだいの状態を病気だと誰かが言ったのを聞いて，きょうだいは病気になったから自閉症になったんだと，ひとりつぶやくかもしれません。こど

もらしい論理化を行ってしまった次の段階では，もし病気になったら，自分もまた"自閉症になる"かもしれないという恐れにつながります。同じように，赤ちゃんの弟に焼きもちや腹立たしさを感じ続けてきた小さな女の子は，弟なんか別の家に行ってしまえと思うかもしれません。弟が自閉症と診断を受けたとき，自分の"悪い考え"が彼を自閉症にしたのだと罪の意識に打ちのめされるかもしれません。両親はクローゼットに潜んでいたり，あるいはベッドの下に隠れていたりするようなお化けはいないんだよとこどもたちに教えるように，こうした不安をなくしてあげる必要があります。風邪をひくように自閉症にかかるのではないといったかたちで，必要な簡単な事実を示しながら，こどもたちの間違った論理を正す必要があるのです。

とても小さなこどもたちに対して，ご両親が恐れや怒りや嫉妬といった感情にうまく対応することを時には期待しかねません。この年齢のこどもたちは，怖いときに慰めてもらったり，怒った時に自制心を取り戻すように助けられたり，嫉妬の感情を最小限にするために十分な関心を向けてもらったりする必要があります。例えば，年上のきょうだいの風変わりな行動を怖がっているお子さんは，大丈夫なんだよと安心させてあげるべきですし，もし，自閉症のお子さんが危険を及ぼすかもしれないかんしゃくや攻撃的な行動にふけっているのなら，物理的にそこからひき離してやる必要があります。自閉症のきょうだいが，おもちゃを取り上げたとかブロックの作品を壊したなどの，頭にくるようなことをしたと怒っているきょうだいには，怒りを表現するためのことばを見つけられるよう促してあげ，適当な代償を与えてやらなければなりません。例えば，ブロックの作品がめちゃめちゃにされたら，お父さんがもう一度作ろうと言ってあげたり，もっとおもしろい遊びに誘ってあげたりすることなどです。同じように，自閉症のお子さんにやきもちを焼いている

きょうだいは，その気持ちを表現する手助けや，両親にとって自分がどれほど大切かという安心感を必要としています。恐れや怒り，嫉妬といった感情は，児童期初期においては正常な感情であって，たとえ，家族に自閉症のお子さんがいなかったとしても，ある程度みられるものであることも覚えておいてください。

　もし，自閉症のお子さんのかんしゃくが小さなきょうだいを怖がらせたり，危険にさらしたりしているのなら，お子さんの安全に備えるべきです。例えば，きょうだいの目の前でお子さんがかんしゃくを起こしたとき，素早くこどもたちをそこからひき離すことができたら，それは結構なことです。あなたが，通常に発達をしているきょうだいに部屋を離れるように優しく頼みます。"トムは今，気持ちを抑えるのに大変なの。トムと一緒にいてあげなければならないみたい。トムが落ち着くまで，リビングルームに行ってビデオを見ていてくれると助かるな。"かんしゃくが収まった後，あなたはきょうだいのところに行って，何が起こったのか話し，きょうだいがどんなふうに感じたのかを聞き出すとよいでしょう。

　1人できょうだいと一緒にいる間，もし自閉症のきょうだいが攻撃的になったり，破壊的になってしまう時，親御さんはきょうだいが何をすればよいか，考えてあげるべきです。自閉症のお子さんがかんしゃくをコントロールできるように手助けするのは，お子さんではなく，おとなの役目であることをお子さんに話してあげなければいけません。これは，お子さんとおとなの責任の間にはっきりと境界線を引くことです。例えば，お子さんに，その場を離れて，ママやパパの助けを呼ぶように伝えることができます。お父さんがかんしゃくの当面の危機を押さえることができれば，あとは，きょうだいを中心に関わってあげるべきです。ですから，"リッチがおまえのミニカーを投げつけ始めた時，パパを呼んでくれてうれしかったよ。どんなに怖かったかわかるよ。多分，そのことで腹も立った

よね。そんなことがあってごめんね。ママとパパはミニカーを投げつけるんじゃなくて，ミニカーでどんなふうに遊んだらいいかをリッチに教えるつもりだ。でもリッチにそれができるようになるまでは，パパもママもおまえを守ってあげるからね。"と言ってあげられるでしょう。

　幼いこどもたちには，自閉症についてや，兄弟や姉妹への感情の扱い方について人形や指人形，その他のおもちゃを使って楽しみながら学ばせてやることができます。空想遊びは，幼い時の感情を表現する主な手段です。それゆえ，親御さんは遊びや物語を語らせることをとおして，こどもたちが困っていることを声に出して表現させ，解決に導くことができます。例えば，姉のかんしゃくによって，混乱してしまう息子さんには，そのできごとを演じるために指人形を使ったり，親の役割を演じる指人形によってそれらをどのように解決したらよいかを見せるのがよいでしょう。同様に，悩んでいる問題を解決するための物語を作ることで，お子さんは問題を解決しやすくなります。悩ませている問題を解決するまで，お子さんには何度も同じできごとの役割を演じさせてやるのです。

　6，7歳のお子さんに雑誌から写真を切り取ったりして本を作らせ，それを声に出して話させることは，兄弟や姉妹の自閉症についてお子さんが何を知っているのかをまとめて知るのに役立つ方法です。例えば，7歳のジョーは"ジョーとジャック"と名付けた本をご両親と一緒に作りました。それは，ジョーと自閉症を持つ兄弟であるジャックについてのものでした。ジョーはこども雑誌から写真を切り取って，次のようなことばを書きとめるようにお母さんに頼みました。"ジャックとジョーは兄弟です。ジョーは遊ぶのが好きだけど，ジャックはどんなふうに遊んだらいいかわかりません。ジャックは自閉症です。だからジョーは悲しいです。何でかというと，ジョーはジャックと一緒にボールで遊びたいからです。ママは，ジ

ャックはジョーと一緒に遊べるようになると言います。パパはジャックにジョーとボール遊びをどんなふうにしたらいいか教えてくれると思います。これは本当のお話です。おしまい。"

児童期中期

　9歳から12歳ぐらいの児童期中期のこどもたちは，かなりの量の情報を集めて，自閉症についての知識の宝庫となるでしょう。こどもたちは，それが脳の問題であり，"うつるもの"ではなく，きょうだいには特別な教育サービスが必要であることなどが理解できるようになるでしょう。もし，きょうだいに知的障害があれば，それは永続的な問題だとわかるでしょう。自分たちが幼かったころに信じていたたくさんの誤解を捨て，障害について話しあうことで，ますます成長することができます。親御さんとしては，伝えた情報がお子さんから最も受け入れやすい時期を待ちたいと思われるでしょう。こどもたちの中には，自分から質問してくる子もいるかもしれませんし，親御さんの方から話し合いを始めることもあるでしょう。そうした話を進めるために実りの多いタイミングは，例えば，自閉症児が新しい学校へ行き始めたり，担任の先生からお子さんの成長についての報告があったり，きょうだいを困らせてきた荒っぽいふるまいの変わり目の時などです。

　児童期中期のこどもたちは，家族から距離を置く段階が始まっていて，仲間集団での社会的・情緒的な世界に，より目を向けるようになります。青年期はまだ始まっていませんが，独り立ちのための大切な石積みが，所々に置かれています。この年齢のこどもたちは，クラブに入り，パジャマパーティーに行きたがり，親友を探すでしょう。こうした自立が始まってくると，こどもたちは家で過ごす時間が少なくなってきたり，年下のきょうだい，あるいは自閉症のきょうだいと遊ぶことに興味がなくなってくるかもしれません。こど

もたちは社会的,情緒的に成長してきたと同時に,知的にも変化していて,自閉症についてのより複雑な理解ができるようになってきます。

こうした自閉症理解が伸びてくると,社会的経験をより深めようとする気持ちと,それがぶつかってしまうかもしれません。というのは,障害とその影響を理解し始める時,きょうだいを世話することに義務感を感じ始めるからです。したがって,お子さんが,きょうだいを心配するあまりに,家庭に束縛されてしまわないよう気をつけておくことが大切です。この年齢のこどもたちには,家や家族から離れたところで,多くの関心を追求できるよう支えてあげる必要があります。そうする中でさまざまな可能性を追い求め,自分自身の技能や能力を発見することによって,その時期そのものがとても喜ばしいものになっていくのです。

仲間集団に拠り所が大きくなるにつれて,児童期中期のこどもたちは,自閉症のきょうだいへの他のこどもたちの反応にとても傷付きやすくもなります。この年齢のこどもの場合,仲間に入れてもらおうと頑張るあまり自閉症のきょうだいから離れ始めることもあります。特に,それまで,きょうだいをとてもかわいがってきたお子さんがそうしたふるまいをした場合,親御さんは困惑してしまうでしょう。態度の変化は,発達の過程を映し出しているのだ,ということを理解することで,親御さんはずっと我慢づよくなれるかもしれません。しかし,一方で,弟を拒否することは受け入れられることではないことを娘さんに理解させる努力をする必要もあります。

あるお父さんが,娘さんが自閉症の弟くんのことを"マネキン"と呼んで,友だちと一緒に笑っていたのを見て,悩まれて私に電話をしてこられました。お父さんのされた最初の一発は,娘さんを怒鳴りつけることと,いろいろなことを禁止したということでした。しかし,娘さんが仲間たちのグループの一員になろうとした努力に

ついて話しをすると，そのお父さんは対応を変えられました。お父さんは，娘さんが恥ずかしく思い，その結果として，弟くんを拒絶してしまったことは，彼女の年齢にしては当たり前のことだと理解されたのです。そのことで，お父さんはすんなりとじょうずな対応を決心することができました。お父さんは娘さんの行動は許されないことだとはっきりと伝えたのですが，同時に，娘さん自身がしていたことはいったいどういったことなのか，そしてそれをしていたのはなぜなのかについて考えさせるようにされました。お父さんの根気強い導きによって，娘さんの"悪いおこない"は成長における教訓に変わっていきました。お父さんはまた，娘さんがどのように友だちに答えればいいのかについて娘さんと話し合いもしました。例えば，次のようにおっしゃったのです。もし，友だちが弟のことを"マネキン"と呼んだら，君はこう言えばいい。"あなたたちは弟のことを知らないからマネキンだと思うのよ。トムは自閉症だからうまく話せないの。トムはいろんなことを勉強する学校に行ってるのよ。本当はパズルとか得意なんだから。"お父さんはまた，もし友だちが，どのように答えていいかわからない質問をしてきたら，パパとママに確かめてから教えてあげると言えばいい，ということも伝えました。お父さんは，若い人たちが友だちの前ではどれほど簡単に恥ずかしい思いをしてしまうかということを非常によくわかっておられたので，友だちがそばにいない，娘さん1人の時だけに彼女に注意するようにされました。

児童期中期のこどもたちは，自分の親が間違いをおかしうる"完璧でない"人間だとだんだんわかるようになってきます。その結果，こどもたちは自閉症のお子さんにどのように対応するかを含めて，いろいろなことに関して，親のあら探しを始めるかもしれません。これが，こども時代において，親がその英雄的な威厳を失っていき，実際の人間として認識され始める時です。両親が，全ての答を知っ

ているわけではないということをお子さんがわかることに何の害もありません。自閉症についても，人生に関する疑問の多くと同じように，全ての答を知っている人は誰ひとりいないのです。こどもが，親を，何でもわかっている人だと思うことは必要なことではありません。そうではなくて，親を，直面している困難にもかかわらず問題を対処できる人として実感することが必要なのです。このことが，成長過程のお子さんに，成長した若者が決して追いつけないようなスーパーヒーローよりもむしろ，現実的なモデルを与えることになるのです。

親御さんの絶対的な権威や知恵が弱まりを見せ始めるにつれて，お子さんに喜びや安心感を与える力も弱まってくるでしょう。1章で述べましたように，こどもたちがまだ親に慰めを求めている一方で，情緒的なニーズの多くは友だちによって満たされ始めます。この青年期への移行は，10代に急速に進む親と子の分離のプロセスへの準備を手助けしてくれるでしょう。

青 年 期

若い人たちは，青年期になって初めて，おとなと同じくらい十分に知的に自閉症を理解することができるようになってきます。青年期の若者は，自分が望むだけの自閉症に関する情報を得ようとするかもしれませんが，親御さん方が，事実上の理解と情緒的な受け入れは，異なるプロセスであることを頭に置いておくことが大切です。私たちはみな，不可能だとわかっていることを切望する経験をしたことがあります。例えば，若者は自分のきょうだいが持つ自閉症はずっと抱えていかなければならない問題であると頭では理解しているかもしれませんが，まだ，情緒的水準ではその限界を受け入れたくないかもしれないのです。その若者には，自分のきょうだいの障害が及ぼす全ての影響を受け入れるのに，両親のサポートが必要で

しょう（3章参照）。このように，この年頃において，親御さんに課される難題は自閉症の説明をすることではありません。若者は事実と理屈を理解するだけの成熟した能力を持っています。やらなければならないことは，10代の若者が彼自身にとって，彼の家族にとって，彼の兄弟あるいは姉妹にとって自閉症が意味するものは何なのかを理解することの手助けをすることなのです。

　読書が好きな若者は，自分で家庭の本棚から自閉症に関する本を見つけてそれを読むかもしれません。おそらく，自分の自閉症の妹について国語の授業で作文を書いたりするでしょう。そしてその作文の中に自分自身の気持ちの一部を書き入れるかもしれません。その内容は，2，3年前に書いたであろうものとは違っているでしょう。なぜなら，事実を書き並べた以上のものになっているだろうからです。むしろ，そこには自閉症の原因論に対する正しい認識，あるいは，彼の生活と家族に及ぼす自閉症の情緒的な影響に関する深い洞察が含まれているかもしれません。彼には自閉症と知的障害が与える影響を区別することができるでしょうし，それらの各々が自分のきょうだいの発達にどのように影響するのかを理解しているだろうと思われます。

　お子さんが大きくなるにつれて，特に青年期の頃になると，破壊的な行動を管理する役割についての問題が起こってきます。私自身の考えとしては，年上のきょうだいは適切な行動を促進したり，あるいは不適切な行動に対しては"だめ"と言ったり，注意を向けずそれを無視するといった非常にやさしい罰の技法を含めたプログラムにおいて役割をとることができると考えています。しかしながら，多くのきょうだいにとって，必要と考えられる身体的拘束などといった手続きを用いることは情緒的にも身体的にも難しいでしょう。さらに，罰は，その正しい用い方を知らない人や，それを間違って使ってしまうような人が用いないことが重要です。これらの技法は

おとながやるにも難しく、お子さんにとってはあまりにも難しすぎて扱い切れないかもしれません。お子さんにあまりに大きな責任を負わせるよりも、用心しすぎる方がずっといいと思います。

とてもまれな状況下を除いて、きょうだいでなく、親御さんにこどもたちをしつける責任があります。これは自閉症児を含む家族だけでなく、全ての家族に当てはまります。しかしながら、青年期のお子さんがしばらくの間、世話を任せられる場合、例えば、ご両親が食事に行った晩には、年上のお子さんは年下のお子さんに対応する権限を持つ必要があります。もし、そのような権限が年上のお子さんにあまりにも多くの負担をかけるようであれば、デイ・ケアを行う人や親戚、ベビーシッターが、年下のお子さんのために雇われるべきです。教師や心理学者は、親御さんが、こどもたちに関係するこれらの問題について考えるのを、じょうずに手助けしてくれるでしょう。

青年期のこどもたちには、過去や未来をよく考える力が身について、自閉症のきょうだいに対する、おとなとしての責任を持つという問題に取り組み始めるかもしれません。同様に、娘さんが自分自身、自閉症を持つこどもを産むかもしれないという問題は、10代のお子さんにとって重要な問題になるでしょう。おとなとしての責任を持つことやこどもを産み育てる、というこれらの問題は、青年期の人たちにとてもよくみられるので、親御さんは、もし自分の10代のお子さんが受け入れることができるようであれば、その話題を出して情報を共有したいと思われることでしょう。自閉症の遺伝についての質問は、時には、自閉症をよく知っていて、その遺伝における現在の研究を知っている遺伝学に関するカウンセラーによって答えてもらう必要があるかもしれません。

こうした個人的な関心事は、若者が表現するにはとても難しいかもしれません。なぜなら、お子さんは自分の両親をうろたえさせた

くないし，またおそらく，娘さんならその考えを恥じていたり，あるいはその考えによって自分自身困っているからです。彼女が自分の両親に対してよりも，自分の最も仲の良い友だちに対して，より多くの考えを話しているのももっともなことです。これはおとなになるということの自然な流れなのです。ますますプライバシーが増えていくことは，娘さんが自分の両親に近づきにくくなったということではなく，それは，両親が彼女のニーズに敏感であり，コミュニケーションができる時間を見分けなければならないのだということこそを意味しているのです。多くの親御さんは，リラックスしたプライベートな時間は，親御さんがお子さんとこの類の会話を始めなければならない最も良い機会であると私に話されます。例えば，ドライブしているときや，朝食の食卓を囲む日曜日の朝は，話し合いを始める機会になるでしょう。

　10代のこどもたちは，年下のこどもたちならまだわからないような，自分の親御さんが経験する不安といった気持ちを理解する能力を身につけます。例えば，10代の息子さんには，自閉症の小さな妹が，お父さんが仕事から帰ってこられた時に，お父さんのあいさつから顔をそむける場合，お父さんの目に寂しさがちらりと見えるのがわかるでしょう。このことは，息子さんに自分の父親の人生についての何かを教えることができているでしょう。しかし，10代のお子さんがご両親の情緒的なニーズに応じるために，自分が家の近くにいる必要があると感じてしまうかもしれませんので，それはまた，青年期の家族からの分離という少しずつ進んでいく過程を，さらに難しくしうるのです。例えば，ある若い女性は，自分が州立の大学に通うために2時間もかかる遠くに住むよりも，地元の短期大学に進学したいと打ち明けるかもしれません。同じように，ある男の子が，空軍に入ることをこどもの頃から夢見ていたのに，自分は家にいて，地元の工場で働くつもりだと突然言うかもしれません。

若者たちが自分の計画を変え，あまりにも家の近くに留まるのには，多くの理由があります。しかし，もし，自閉症のきょうだいがいるならば，親御さんは意思決定する際に，可能性のある要因として，そうしたことに敏感であるべきでしょう。それらの問題について率直に話し合うことや，お子さん自身の人生を発展させるように励ますことで，若者は自分の夢を追い求めることができるのです。この話し合いのための場を設けることについては，第3章で述べています。

　もし，10代のお子さんが，あなたや弟くんに対してあまりにも責任を感じているので，自立した生活へ向けての自分の道をつくることができないのなら，みなさんは，どのようにして，互いのやりとりのパターンを変えたらよいかを家族全体に伝える際に，心理学者とか，その他のセラピストに助けを求めて相談したいと思うでしょう。同じように，自閉症を持つ妹から断ち切れたように思えて，自分の痛みを，反抗や慢性的な怒りという形であらわす若者は，そのような助けから恩恵を受けることができるでしょう。

成　人　期

　自閉症のお子さんの成人したきょうだいは，自分の両親やきょうだいに関係した，さまざまな役割を引き受けるかもしれません。成熟した女性として，娘さんには，自分の両親の情緒的な経験を理解し，自閉症の弟のために両親が計画していることについて，両親を支える機会があるでしょう。このサポートによって，年老いた両親は，息子の将来についての心配事を取り除くことができ，そしてこのサポートは，娘さんとの情緒的な結びつきを強めるきずなになるでしょう。娘さんは弟くんの幸せのための世話をすることに対して，次第に責任を感じ始めるかもしれません。より大きな責任を負うためには，娘さんが，行動の管理や地域資源，きょうだいの医療的ニ

ーズといったことがらについて十分な知らせを受けているということを必要とします。彼女にとって，自分の両親が経験したことについての十分な恩恵があるので，自分が弟に対して責任を負うようになる時，ゼロの立場から始める必要はないのだということは重要なことです。年を経て，両親が年をとり，最終的に亡くなる時に，娘さんは弟くんの法律上の保護者になるでしょう。自閉症でも高機能の人に対しては，この後見人になるということは，もっと控えめに行われなければなりませんが，それでもなお，全く自立した自閉症の人々でも，時には，協力的な援助の手から恩恵を受けるはずです。

　親の死は通常の家族の人生の避けられない部分であり，こどもたちにとって，逃れられない人生の悲劇に応じるための苦痛や悲しみを持つ時です。私はある会議で，ロナルド，A氏と話をしました。彼は自閉症のお姉さんがいる中年の男性でした。A氏はお姉さんが特別なニーズを持っていることで，両親を失った悲しみがどんなに膨れ上がったかを私に語ってくれました。A氏の両親は18ヶ月の間に2人とも亡くなってしまい，彼は精神的にも身体的にも大きなストレスにさらされました。A氏には面倒をみなければならない自分の家族があり，その中には，最愛の祖母の死に嘆き悲しんでいる，2人のお子さんもいました。彼はまた，両親の死の前の重態の危機に対処し，葬式をあげ，遺産を清算しなければなりませんでした。これらのそれぞれのことが悲しく，大変な体験でした。A氏にとってその過程をもっと困難なものにしたのは，お姉さんの面倒をみる責任を突然負ったことでした。彼女は両親の住んでいた町のグループホームに住んでいました。そして，A氏は彼女がそこに留まるべきか，それとも彼が近くで彼女の幸福を見守ることができるようにお姉さんを近くまで移すべきかを決断せねばなりませんでした。彼女に対して全て責任を持ち，そして，それを絶えずしなければならないことは大きな負担を彼に与えました。それゆえ，両親の死に伴

う通常みられるような深い悲しみは，A氏にとって，お姉さんの特別なニーズによって強められたのです。

人生が豊かだといえる理由の1つとして，私たちが自分の身に降りかかるできごとの意味を理解するための，絶えず成長を続けている潜在能力を持っていることをあげることができます。このことは，さまざまな体験はいつも好ましいものだということを意味しているわけではありません。自閉症者のきょうだいであることに伴う負担や現実の悲しみには，ある意味，正当なものがあるでしょう。ある自閉症者のお兄さんは，私に打ち明けました。彼は，お父様が亡くなって初めて，弟さんの幸せのために面倒をみる責任の重さを痛感し，ご両親がこどもたちに与えてくれた愛と支えがどんなものであったかを真に理解したそうです。彼はまた，それらの目標のためにどんなにご両親が犠牲になってきたかにも気づきました。

お子さんが，自閉症について，また，きょうだいやあなたとの関係について，そのレベルの理解にまで達するときには，あなたは，もう，この世にはいないでしょう。しかし，こども時代を通してお子さんと共有した愛，支え，知恵は，ずっと保たれ，お子さんのおとなとしての理解の基盤を形づくるのです。

おわりに

要するに，5歳児が"僕の弟は自閉症なんだ。"と言うのと，15歳の子が同じことを言うのとでは，大きな違いがあるのです。幼いこどもと青年では，自閉症というものについて，概念的に意味していることと，情緒的に体験していることが全く異なります。親御さんとしてのうまいやり方は，これらの違いを認識し，お子さんの発達に沿ったニーズにうまく合うように説明するということです。あなたは，お子さんの質問に対していつも答を持っているわけではな

いかもしれません。もし持っていないなら,『自閉症のこどもたち』(Powers, 1989) のような良い本や,地域の自閉症協会支部に問い合わせると,必要とする情報を提供してくれるかもしれません。年齢に適した情報を事前に知っておくことで,両親は次の問題にすすむことができます。すなわち,お子さんにじょうずに話すということです。あなたは,何を話すのか,そしてそれをどのように言うのかの両方について知る必要があります。3章では,基本的な親と子のコミュニケーション技能について述べます。

親御さんの話

　長年の間,こどもたちと私は,何度もトムの障害について話し合ってきました。専門的なことばで,というよりもむしろ,彼に対して抱いている気持ちについてのことばです。
　近所の人や友だちにトミーのふるまいについて説明する必要のある時があるのですが,それは特にこどもたちにとっては,難しいかもしれません。マーサは"トムはちょっと障害を持っているのよ。"と言うことで全てを説明してしまいます。サムは他の人にトムの抱えている困難を理解してもらおうと,もっと詳しく説明します。サムは自閉症について説明するというよりむしろ,トミーが実際にどんな子なのかについて詳しく説明するのです。

* * *

　今日,アニーの,マットの自閉症に対する理解について,振り返ってよく考えてみると,それは彼女にとってゆっくりとした過程だったということがわかります。3歳の幼いとき,アニーは,どうしてマットが自分に応じようとしなかったり,一緒に遊ぼうとしないのかと尋ねてきました。私は彼女に,マットはまだ"話し方をお勉強中だから"とか,まだ"遊び方をお勉強中なの"と説明したものです。そして,私はマット

からアニーに向けてのことばや遊びを引き出そうとしていました。

アニーが5歳近くになるにつれて、アニーのマットについての疑問はもっと大きく、複雑なものになっていきました。例えば、"どうしてマットはお話しするのにお手伝いが要るの？"とか"どうしてマットは私の学校に行けないの？"という疑問です。私は彼女に、マットは"自閉症"というもののために、話すのを学ぶことや、いくつかのことをするのが難しいんだということを教えました。私は、マットは自閉症を持って生まれてきて、彼の学校のほかのこどもたちもそうなのだと説明しました。

アニーはマットが"いつまでもこうなのかどうか"について知りたがっていました。私は、マットが大きくなったときにどんなふうになるのかは、ちゃんとはわからないのよと答えました。だた、私は、私たちがマットと一緒に一生懸命頑張り続けていかなければならないことはわかっていました。私はアニーに、私たちは、これまでも一緒に、マットをずいぶん助けてきたのだと話しました。私は、アニーのことを私がどんなに誇らしく思っているかを彼女にわからせました。私は、それが彼女にとって時々大変なことだということをわかっていました。マットは、私の時間をたくさん必要としますし、彼のふるまいのせいでアニーが不愉快な状況になったことが何度もあったのです。私は、アニーにそんな気持ちを語らせる時間を与えました。

最後に、私は、私たちは家族で、そしてそれはあなたが1人ぼっちじゃないということだと彼女に思い出させました。私は、私たちは必要なときにはいつでも、どんなことについても話し合えて幸せねと彼女に話しました。それから"あなたをとても愛しているわ"と言うと、彼女は同じことばを私に繰り返して言い、私をしっかりと抱きしめてくれました。

* * *

私にとって最も理解し難いのは、娘からのきょうだいの自閉症についての質問にどういうふうにわかりやすく答えたらいいのかということです。私は話しすぎて、時にはお説教になってしまいます。でも私があまりくどくど言いすぎると、彼女はじきにうろうろして、遊びに戻ってしまいます。彼女は切り上げるときを教えてくれているのです。

* * *

　エレンは15歳で,地元の高校に通っています。今年,エレンたちは自分にとってのヒーローについて書く国語の課題がありました。私は彼女の作文を読んだとき,感動して泣いてしまいました。彼女は9歳で自閉症の弟,セスについて書いていました。彼女は,セスが常に自閉症というハンディを補おうとし,話すのを学ぶのにどれだけもがき苦しみ,大変だったか,そして自分にとってどれだけ彼が勇敢に見えるか,ということについて書いていました。

* * *

　ザックはたった5歳で,自閉症のジェフは7歳です。ザックはなぜジェフは自分と遊ばないのとか,なぜ話さないのというようなことを聞きます。私は,"彼は今でも話し方を勉強しなくちゃいけないのよ"というようなわかりやすい答をします。私はそれで十分だと思います。

* * *

　私たちは,娘が中学校に入ってからずっと,相当大変な時間を過ごしています。娘は私や父親や兄弟のジャックを恥ずかしがっているようなのです。娘は,行動がかなりめちゃくちゃになりかねないジャックと一緒にいるのを見られたくないのです。夫と私は彼女のために何らかのカウンセリングをと考えています。

* * *

　私は高校の最上級生だったときレポートを書かなくてはならなかったことを覚えています。私は何が自閉症の原因になるのかについて書こうと決めました。私は自閉症の妹と共に育ち,両親が毎日彼女のためにいろいろと頑張っているのを見てきましたが,何が彼女をそうさせるのか,決して本当には理解していなかったのです。それで私は何が人を自閉症にするのかについてレポートを書きました。読んだいくつかの資料の中に,両親の関わり方がこどもたちをあのようにしてしまうということが書いてあり,信じられないばかりか,気が動転してしまいました。私は両親がとても立派にやっていたことをわかっていたからです。それから私はバーナード・リムランド（Bernard Rimland）という人によって書かれた本を図書館で見つけたのです。そこには,自閉症はおそらくは脳

損傷によってもたらされるのだということについて、くわしく書かれていました。それは私にとって大変理にかなっていました。忘れないでください、これはすでになされた全てのすばらしい研究が行われる前の、60年代後半という何十年も前の話なのです。

Chapter 3

話しましょう
お子さんの考えや気持ちを分かち合うために

マーティン家

　ローズマリー・マーティンはキッチンテーブルにちらりと目をやりました。11歳の娘キャシーは微笑み返し、13歳のリッチは読んでいた本から顔を上げ、20歳のジョーはテーブルの端に静かに座って、丹念に両手に見入っていました。ローズマリーが夫のダンにうなずいて合図すると、彼は微笑みながら"さあ、マーティン家会議の開会を宣言する時間だ。みんな揃って待っているようだしね。"と言いました。

　リッチは"やあ、パパ、どうしたの？"と言いながら読んでいた本をふせました。ダンは次男坊ににっこり笑いかけ、なぜ自分とローズマリーがこの家族会議を開くのか説明し始めました。彼らは6月に学校を卒業するジョーに関する計画について話したかったのです。ジョーが5歳だった時、彼は自閉症と診断されました。そして過去15年間、特殊教育の課程において過ごしたのです。家庭や学校での多くの忍耐強い指導のおかげで、ジョーは見事な進歩を遂げました。しかし、彼は学ぶことができたにもかかわらず、一生をとおして何らかの特別な支援を必要とし続けるだろう、ということもまた明らかだったのです。彼の話す能力は今も限られているし、彼は慣れない状況において時々とても落ち着かなくなるし、そして他の人たちとやり取りするのに大きな難しさを持っています。でも、

彼は道具やオフィス機器の使い方を心得ていて，きちんと注意深く働く人です。彼は大変自立していて，家庭でとても助けになります。彼の日課をめちゃくちゃにするような何かとても重大なことが起こらない限り，ジョーはまた善良で，一緒に生活しやすい人です。ジョーにとって物事をきちんと秩序良くしておくことは，とても大切なことなのです。

　ローズマリーは，ジョーがどこに住むのか，どこで働くのかという両親の計画をこどもたちに理解してほしいと言いました。学校を卒業することは，ジョーの人生や他の皆にとっての変化であり，そのため，家族のみんなは何が計画されているのかを知り，話し合う機会を持つべきなのです。ローズマリーとダンは，学校生活がまもなく終わることを理解できるようにジョーに何度も話してきましたし，学校で先生も同じことをしていました。両親はキャシーとリッチとも同じようにこのことを話し，ジョーがグループホームに移ることをそれぞれに伝えてきましたが，彼らは将来について家族全体で話し合ってきませんでした。そして，話し合うことが彼らにとって大切だったのです。

　彼らが地域のグループホームの待機リストに，ジョーの名前を書いたとダンが言った時，キャシーはショックを受けました。彼女は一生ジョーと暮らしたいと言い，彼をグループホームに送り出すことについて両親がどのように考えているか理解できませんでした。たいていの若者は成長すると，両親の家を離れ，自分の居場所を見つけるのだということをダンは優しく彼女に言い聞かせました。ジョーが自閉症だという事実は，彼が自立できないということを意味してはいません。それは，丁度キャシーとリッチが大きくなった時に，自立するのと同じようにです。ダンはどのくらいキャシーがお兄ちゃんを愛しているかわかっていると言いました。そして，これからも，彼女がいつも彼と一緒に過ごし，物事が彼にとってうまくいっているか気を配ってほしいと言いました。しかし，彼はそれに続けて，キャシーが成長した時，彼女は自分の家で夫やこどもたちと暮らしているであろうことを話したのです。ジョーも，友だちと

一緒に活動しながら，自分自身の居場所で暮らせて幸せであろうし，特別な援助や支援が必要な時，グループホームのスーパーバイザーにアドバイスしてもらえるのです。

ジョーはこの話し合いの間，手を見つめたり，時々，ちょっとの間，からだを揺らしながら，とても静かにしていました。数回，彼は，母親や父親がそのことばを言った後，"グループホーム行く。"と繰り返しましたが，他のことばは発しませんでした。キャシーが泣き止んで涙が乾いたころ，彼は彼女を見て，"キャシー笑ってる。"と言いました。

キャシーが悲しみから立ち直り，家族がリラックスしたと感じた時，ジョーが学校を卒業し，ますます自立していくことのお祝いとしてローズマリーとダンがしたいことの1つとして，家族イベントを計画するとローズマリーは言いました。2人は，こどもたちがジョーの卒業を祝うために何がしたいのか知りたいと思いました。リッチは，"世界一周旅行はどう？"と笑って言いました。キャシーは，ブレーンストーミング（訳者注：話し合いをする際，各自が自由に発言してアイディアを生み出す方法）の書記を進んで引き受けていて，アイデアを書きとめ，そして，"ワシントン旅行に行きたい。たぶん，大統領に会えるよ。"と，彼女自身のアイデアを言いました。リッチは再び，声を弾ませて言いました。"スキーに行こう。西に出かけよう。"ダンはスキューバダイビングに行くのに島への旅行を提案し，ローズマリーは乗馬もしたらすばらしいでしょうと答えました。ダンはジョーに何がしたいか尋ねると，ジョーは"キャンプ行く。"と答え，"そうよ，パパ。去年の夏みたいに山でキャンプをしよう。"とキャシーが言いました。

アイデアが出て数分後に，ダンはいくつかの見込みのあるよい案が出てきたので，振り返ってどれが1番良いか見てみることを提案しました。もう少し話し合った後，それはジョーの卒業なので，彼らが出した意見の中で，ジョーが最も発言権があると全員賛成し，結局，キャンプに行くことに決めました。最後に，ダンは，たくさん話し合ったのでもう終わりにしようと言いました。"ちょっと思

い出してごらん。最初に私たちはジョーが来年からどこに住むのか，どこで働くかを話していたね。彼はグループホームの待機リストに載っていて，6ヶ月から9ヶ月の間にそこに移ることができる。君たちが見学できるようにするために，近いうちにみんなで訪問できるかどうか電話しておくよ。ジョーは学校を卒業した後，職業訓練プログラムを始めることにしてもいるんだ。でも，私たちは，ジョーが卒業したらすぐ，家族のお祝いをして，1週間，キャンプに行くと決めた。"

彼らがテーブルからまさに離れようとした時に，キャシーは再び涙目になりました。"ママ，ジョーが新しい場所に移った後，会えるよね？"ローズマリーは彼女を抱きしめ，ジョーはいつも彼女の兄であると安心させました。ジョーは週末に自分たちの家を訪ねることができるだろうし，自分たちもジョーの新しい家に会いに行けるはずです。訪問のための家族休暇，休日，多くの機会があるはずですから。

はじめに

十分なコミュニケーションが，幸せな家族のために大切です。親御さんやこどもたちは，自分が考えていることや感じていることをお互いに話せることが大切です。また，問題を話し合うためにじっくり腰を据え，お互いに賛成できる形で家族全体のニーズを満たす解決法を探ることが必要です。これは，みんなが，出された結果に完全に満足することを意味していません。時には，多くの妥協が家族の問題解決の際に必要とされ，また，時には親御さんはこどもたちが好まないような決定をしなければならないこともあります。ジョーがグループホームに入居することについて，キャシー・マーティンがショックを受けた時にそうであったように，全てのこどもたちが親のなぐさめに応じることができるわけではないでしょう。し

かしながら、隠し立てがなく、正直なコミュニケーションによって、自分の意見が聞き入れられたとみんなが感じる可能性が増えていくはずです。

　効果的な子育ての役割の1つはそのようなコミュニケーションが可能な雰囲気を作ることです。それはお子さんがオープンな意見交換をできるようにする技能を教えたり、そうした技能を練習できる状況をつくるということです。両親から自分の愛する人々ときちんとコミュニケーションをとるにはどうしたらよいかを学んだこどもたちは、それらの技能を自分の人生を通して大いに役立てていけるでしょう。彼らはこども時代に家族とうまくやっていけるだけでなく、おとなになっても、この技術を保ち続け、自分のこどもたちへと伝えていくのです。

　マーティン家のケースでみられるように、時に親御さんは家族みんなが重要な情報を聞いて意思決定を共にする機会として家族会議を開くかもしれません。ダンとローズマリー・マーティンは長男ジョーの人生における重大なできごとに直面しました。ジョーが数ヶ月後に学校を卒業することになり、両親はジョーの人生の次のステップについての計画を立てる必要がありました。彼らは何年もこのことについて考えてきて、ジョーの青年期初期の計画を立て始めていましたが、時が近づくにつれて、彼らは息子の準備をするのに具体的な行動をおこさなければならなくなりました。理想をいえば、マーティン家がジョーに関する意見について家族としてもっと早く話し合い、グループホームという考えをより十分に検討していれば何よりだったでしょう。しかし、これは気持ちの上で大変なプロセスであり、ダンとローズマリーはまず自分たち自身の心の準備をしなければならなかったのです。

　ジョーの将来に関する計画をするためには、多くの苦悩に満ちた時間がありました。ジョーが21歳になろうとしているということ

が，ローズマリーとダンに強い影響を与えていました。彼らは，学校を卒業し，仕事につき，おそらくは結婚するであろう他の若者にとって21歳の誕生日とはどんな意味があるのかについて考えたとき，悲しみの感情を新たにしました。これらの喜びはジョーにはほとんどないでしょう。しかしながら，彼らはジョーの成長に誇りも持っていたし，だからこそ，ジョーの成人を祝いたかったのです。彼らは，ジョーが教育を身につけ，自閉症の影響をコントロールできるようになるのにどれほど大変な努力をしたかわかっていました。彼らが喜びや悲しみといった感情を互いに分かち合い，ジョーの親としてしなければならないとわかっていた決定をした後，彼らはその意思決定の一部にこどもたちも関わらせる心の準備ができたと感じていたのです。

マーティン家としては，きょうだいたちが，ジョーをグループホームに移すという考えに心を痛めるだろうとわかっていました。しかし，親として，ローズマリーとダンは，それがジョーにとっても自分たちにとっても最善の策だと信じていました。彼らはその考えに自信があったのですが，こどもたちに彼らがしていることがどういうことかについて理解してほしいと思っていました。彼らはまた，こどもたちにジョーがおとなになるということを喜ばしいできごととして感じてほしかったし，それゆえその祝福の計画に家族全員が参加してほしかったのです。

この章の後半で，マーティン家が家族会議を効果的に行いつづけているいくつかの手順について論じます。その前に，私は親御さんとお子さんとのコミュニケーションを難しくする障壁のいくつかについて述べ，どうすればあなたがコミュニケーションのとりやすい雰囲気を作ることができるかについて考えてみようと思います。自閉症児がいる家族のコミュニケーションは，時間的な要因や行動管理の難しさ，きょうだいに起こる問題といったいろいろな要因のた

めに少しずつ複雑になっていきます。それぞれの家族が独自のスタイル，習慣，儀式を作り上げていきますが，とはいえ，家族のコミュニケーションのあり方に関する落とし穴や可能性を知ることによって，あなた自身の置かれた状況にうまく対応できるアイデアを得ることができるのです。

コミュニケーションの雰囲気を作る

　たいてい私たちは，自分の気持ちを考えてくれる人との間で長年培ってきた関係性に価値を感じます。こうした人々は，私たちの話に耳を傾けてくれる人であり，自分を理解してくれ，自己理解を促して，ときに自分自身をほんの少しだけよく知ることができるようしむけてくれる人々です。私たちは，そうした関係性の中で育ち，人に対して心を開くことができるようになり，気持ちを分かち合い，そして，自分自身をよりよく知ることができるようになります。良い親とはそういうことができる人であり，良い友だちも，よい心理療法家も同じくそうです。そのためには愛情だけでは十分ではありません。我が子を愛することはよりよいコミュニケーションのために大切ではありますが，ものごとを分かち合うプロセスを支えるためにできることは他にもあるはずです。

　お子さんが，自分の考えや気持ちをあなたにオープンに語ることができるような気持ちにさせる雰囲気を作り出すために，聞きじょうずであることは大切です。続くページの中で，私は，自閉症について語り合うことを親御さんにもこどもたちにも難しくしてしまういくつかの障壁と，自分のきょうだいとともに体験を分かち合い，コミュニケーションし合うことをより容易に感じさせることができるいくつかの技能について考えてみようと思います。こうした技能を持っている方は，それが，こどもたちだけではなく，自分の妻や，

友だち，仕事仲間に対して語りかける時にも役立つと私におっしゃいます。

コミュニケーションの障壁

たいていの親御さん方は，こどもたちと，きょうだいが持っている自閉症についてじょうずに語り合いたいと思われるのですが，こうした語り合いを難しくしてしまう障壁があります。1つは，大切なお子さんの人生に及ぼす自閉症の影響についてご両親が感じる情緒的な反応です。そうした，お子さんの自閉症についての感情を，より深い悲しみや，喪失感，怒りとして感じてしまうことはまれなことではありません。こうした感情は，自閉症がお子さんの発達に及ぼす悲しい影響について考えるときの正常な反応です。

親御さん方は，こどもたちに対して，ネガティブな気持ちを示すことを恐がられるかもしれません。なぜなら，親御さんはその気持ちを恥じていて，自分は普通ではないと思っていたり，あるいは，こどもたちに自分の気持ちを見せつけることで重荷を背負わせたくないと思っていたりするからです。しかし，あいにく，特に家族に対して，自分の気持ちを秘密にしておくのは，難しいことです。家族は同じ家に住み，毎日のように私たちの気分に気づいているからです。あるお子さんはパパが悲しんだり，ママが怒ったりする理由を理解していないかもしれませんが，お子さんはその気持ちに気づいてはいるでしょう。彼女はあなたの顔に見える悲しさや，あなたの声の中に聞こえる苛立ちや，小さなことにあなたが喜ばないことや，あなたが自分自身の思いにふけっていることに気づくはずです。

私たちは，自分の本当の気持ちのかけらまでを隠すことはできないのです。あなたのお子さんは，あなたの中にあるこれらの変化に気づき，その変化に反応するでしょう。もし，娘さんが別の理由を見つけることができないならば，娘さんは，あなたの悩みを自分が

したことのせいにするでしょう。そして，いくつか思いつく人の気持ちを害することをあげつらって，自分自身を責め始めるでしょう。実際は，こどもたちは，罪悪感を感じなければならないことは何もしていないのにです。これらはしばしば，おとなの私たちにとってはさほど重要ではない，ささいなことです。しかしながら，娘さんの心の中では，これらのあどけないささいなふるまいは，あなたの悩みの理由として，お子さんの心の中に立ちはだかってしまうのです。私たちが第2章でみてきたように，時々，お子さんは，自分が想像することで自らおびえることがあるのです。

明らかに，親御さんは，きょうだいの自閉症についての，悲しみや不安や失望といった，とても激しい自分たちの感情をこどもたちに背負わせたくないと思っています。そのような感情は，ダンとローズマリー・マーティンがしたように，夫婦の間や，友人たち，牧師，神父やラビ（訳者注：ユダヤ教の指導者），あるいは専門のセラピストによって，最もよく理解してもらえます。しかし，こどもたちは，親御さんがいろいろな気持ちを感じていることをわかっています。こどもたちは，悲しみや怒りや後悔といったいろいろな気持ちが，愛情や心配，その他のこどもに関わるいろいろなポジティブな感情とともに存在することを受け入れているのです。

親御さんが自分自身の感情にラベルをつけて，それらの感情は自閉症を持つお子さんに対する心配な気持ちにつながっているのだと説明し，その一方では，その子，あるいはその他のこどもたちに対して自分たちの愛情を示すことを忘れなければ，親御さんの感情についての，自閉症ではないお子さんの心配を取り除くのに役立つでしょう。少なくとも，お子さんは，自分が両親の悩みの原因ではないのだということをわかってくれるでしょう。そして，お子さんは，現実的に，両親のその時の感情は，両親の人生における自分以外のできごとのためだとラベルをはることができます。親御さんは，お

子さんが、あなたの行動について何か言ってくる場合も、言わない場合も、"いやな"気持ちも"よい"気持ちも分かち合うことができます。とても幼いこどもたちは"うれしい"とか"寂しい"とか"頭カンカン"というような、わかりやすいラベルを必要としますが、一方で、年上のこどもたちは欲求不満とか、悲嘆とか、陽気といったもっと複雑な気持ちを扱うことができます。これらの気持ちにラベルをはることは大切ですが、親御さんはまた、自分自身の気持ちのプライバシーを守る権利があります。そして、ちょうどあなたが自分のお子さんのニーズを尊重するように、あなたは自分自身のニーズを尊重すべきです。あなたができることを伝えていきましょう。けれど、プライベートのままにしておきたいことを無理しておおっぴらにする義務はないのです。

　おとなの気持ちをじょうずに伝えた1つの例を、あるお母さんが私に語ってくれました。そのお母さんは、自閉症の幼い息子さんのための学校を見つけることに没頭していた方で、自分が年上の娘さんにあまり目を向けていなかったと実感していました。彼女は、気持ちを分かち合うための特別な機会を見つける、ということを大切に思っておられました。彼女は、土曜日の午後に、娘さんを、昼食を食べに連れて行かれたのです。その一方で、ご主人は、息子さんと過ごしていました。昼食を食べている間、そのお母さんは次のように言いました。"ママは本当に、この数週間、あなたと過ごせなくて寂しかったわ。ママがドニーのために、いい学校を見つけることで、あんまり悩んでいたから、あなたと一緒にいたかったのに、いることができなかったの。それで、ママは、あなたとママが今日、本当に一緒にすてきな時間を過ごせたと思っているのよ。あなたはどう？"と。娘さんは、特別に目を向けてくれたという暖かい思いやりに浸りました。そして、お母さんも娘さんも両方とも、一緒の時間を楽しんだのです。

こどもたちを，おとなの気持ちから守りたいと願うばかりでなく，親御さんの中にはこどもたちに，きょうだいの障害というつらい現実に立ち向かわせたくないとも望む方もおられるでしょう。しかしながら，こうした思いは，お子さんの自閉症についての謎を深める役目をするだけでしょう。私が第2章でお話ししましたように，こどもたちが，自分の兄弟・姉妹の行動に対して考え出す説明は，その障害の実際よりも，はるかにもっと，ぎょっとするようなものでありうるのです。それゆえ，親御さんが年齢に応じた説明をして，きょうだいが障害に対応するための基礎となる，空想ではなく，事実をわかっているのだということを確かめることが大切なのです。この情報は，どうして自閉症のきょうだいが，特別な両親の配慮を必要とするのかについて，こどもたちが理解するのに役立つでしょう。そして，その情報はまた，お子さんが自分自身よりも他のお子さんに，親御さんの気持ちがより多く向けられていると考える場合に，どうしても避けられない，妬みや腹立たしさといった気持ちを多少なりとも和らげてくれるでしょう。もう1度言います。どうしてパパやママが，自分よりも自閉症の妹とたくさん一緒に過ごすのかを説明するためには，お子さんの空想よりも，事実のほうがずっと健全なのです。

妻と夫の間で

　家族の間の十分なコミュニケーションは，親子の間と同じように，夫婦の間でも起こらなければなりません。両者の間で起こっていることは，当事者である2人のおとなにとってだけでなく，そのこどもたちにとっても，大切なのです。あるお父さんは，ご自分が，幼い息子さんの自閉症についての怒りや悲しみといった感情と闘っているのだと私に打ち明けて下さいました。そのお父さんは，そうした気持ちを奥さんと分かち合うことができないと感じていました。

奥さんが息子さんの診断にどれほどショックを受けているのか知っておられたからです。彼女の夫として,そのお父さんはより強い人間でなければならず,自分の悲しみから彼女を守ってやらなければならないと信じておられました。皮肉なことに,数週間前,奥さんは息子さんのことで夫が全く悩んでいないように見えて混乱していると語られました。彼女はご主人がなぜ息子さんの問題についてあまり心配していないように見えるのか理解できなかったのです。ご主人が情緒的でないように装っていたことがむしろ彼女を不安にさせていたのです。なぜなら彼女は1人ぼっちで寂しさを感じていたからです。この特別なケースにおいては,お父さんに,ほんの少し自分の気持ちを奥さんに伝えるようにと促しました。そのことで,奥さんもご主人も気分を変えることができたのです。ご主人は自分の悲しみの気持ちを奥さんが尊重してくれていることを理解し,奥さんの方は自分の痛みについて1人ぼっちではないと気づかれたのです。こうしたコミュニケーションが改善したことによって奥さんもご主人も8才の娘さんに対してもっとオープンになることができました。この娘さんは弟くんの持つ障害に自分自身,適応していく,そのまっただ中にいたのです。私たちの誰も,家族の中で1人ぼっちではないのです。

　妻や夫とうまくコミュニケーションをすることを学ぶためには,練習や努力,信頼が必要です。これをじょうずにやれるご夫婦もおられますし,そうするために外からの手助けが必要なご夫婦もおられます。カウンセリングの技能を持った専門のセラピストや宗教的なアドバイザーに相談することは結婚生活がとりわけ幸せなものではない場合に,賢い選択となるでしょう。

お子さん同士で

　1人のお子さんが自閉症であった場合,きょうだいの間でのこと

ばでのコミュニケーションはとても限られたものになるでしょう。自閉症のお子さんが知的な障害を伴っていた場合には特にそのようになってしまうかもしれません。この章の始めのジョー・マーティンのケースがそうでした。ジョーは，語彙や構文に乏しく，複雑な他者との会話で必要な理解力も遅れていました。こうした条件の下で，ことばそのものはあまり役立ちません。そして自閉症児は，主に行動によって伝達を行おうとします。知的に正常な自閉症児は十分な語彙力を持っており，文法的に正確な文を作ることはできますが，それでも情緒的な反応を理解したり表現したりすることは難しいようです。したがって，自閉症児の知的な能力のレベルにかかわらず，こどもたちの間でのコミュニケーションは，ご両親が自閉症児のことを理解しようとする中で，健常に発達しているお子さんの欲求不満に敏感であることができればよりよいものとなっていくでしょう。そして，そうしたプロセスをよりよい方向で支えるための必要なサポートを提供できるでしょう。

　こどもたちが小さい時には，親御さんは，こうしたコミュニケーションの多くを積極的に組み立ててあげる必要があるでしょう。あなたには，自閉症児の行動を下の娘さんのために翻訳してやることができます。例えば，"お姉ちゃんは，遊び方がわからないからあなたを見ないのよ。"とか"かんしゃくを起こすのはジョンが「いやだ」と言えるたった1つの方法なのよ。"とかです。お子さんが大きくなるにつれて，健常児の方は，自閉症のきょうだいの行動の意味を"読める"ようになり，きょうだいのことばを解釈できるようになっていきます。高機能自閉症児の場合，事実についてはかなり上手に伝えることができるようになってきますが，感情を共有するということについては未だ限られてしまいます。きょうだい児には，なお，自分の気持ちを一生懸命伝えるよう促してあげなければなりません。自閉症児に対しても親に対してもです。時がたつにつ

れて自閉症児も他者の気持ちにより気が付くようになってきます。そして，きょうだいは，こうした学びを助けてあげられるのです。

　自閉症のお子さんが，自分のきょうだいを理解することがとても難しいということが起こりうるでしょう。結果として，その自閉症のお子さんが，自分の行動が困ったものであることがわからず，指示に従えず，また，きょうだいを無視してしまうことが起こるでしょう。この無視や，積極的な回避という行動は，友だちとして一緒に遊びたいと思っているきょうだいにとって，とても心を押しつぶされるようなものとなってしまいます。こうした障壁を越えるために自閉症の子もそうではないきょうだいもあなたの手助けを必要としているのです。5章では自閉症児との遊びを通してきょうだいのコミュニケーションをどうしたら手助けしていけるかについて考えてみたいと思っています。

コミュニケーションのための技能

　いったん，ご両親がきょうだいの自閉症についての情報を伝えようと決めたら，心を開けるような雰囲気を作り上げるために頑張らなければなりません。親御さんとお子さんの間のうまいコミュニケーションのための最も良い基本的な技能は，じょうずに聞くということです。それは思ったよりも簡単ではありません。私たちが会話をする時の多くの場合，相手のことをたった半分しか聞いていないからです。私たちは話し合いを進める間に次に何を言おうかとか，相手の問題をどうしたら解決できるかと自分の注意力の残りを傾けているのです。

　どうしたら問題を解決できるかをお子さんに教えることは大切ですが，何度も何度も単にお子さんの言うことを聞いてあげることは，もっと大切です。あなた自身，とても良い聞き手に自分のことを語ったとき，しばしば自分なりの解決策が見つかった体験があるでし

ょう。自分自身の問題についての解決方法を"得る"ことができることは，誰か他の人がそれを解決するよりもずっと満足のいくものです。だからこそ，聞くということは問題解決の際にまず試みられなければならないのです。例えば，あなたの娘さんが，友だちを招待したいけれどもその友だちが自閉症のお兄ちゃんについてどう思うか心配なので不安げに見えることがあるでしょう。あなたが最初にしなければいけない対応は，娘さんにまずそのことについて話す機会を与え，あなたが親身になってそのことについて聞いてあげることです。娘さんが，もし，自分自身の答えをうまく見つけられないようであれば，あるいは，もし，あなた方が2人で何かの解決策を一緒に見つけなければならないようであれば，そうすることこそ，あなたが当面の問題について語る前に必要なのです。中間地点にたどり着く前に到着地点まで行くことを急いではいけません。お子さんとの上手なコミュニケーションのファーストステップは，いかに上手に聞くかです。このためには練習が必要です。

　聞くということは必ずしもことばを必要としません。こどもたちは時折，行動で伝えようとします。親御さんは，こどもたちが話そうとすることだけでなく，話そうとしないことにも，目を向けていかなければなりません。行動の変化が大切です。おしゃべりなお子さんが静かになったとき，元気なお子さんが寂しそうにしているとき，協調的なお子さんが反抗的になったとき，それぞれ何かを伝えようとしているのです。なにか特別の注意を払ってやらなければと感じるお子さん，いつもくっつきたがって困るほどのお子さん，親を避け，愛情から遠ざかろうとするお子さんは，自分がとても苦しんでいるということをことばなしに語っているのかもしれません。お子さんのことばだけではなく行動にも注意を傾けましょう。

ルール1：適切な場所で　　じょうずな聴き方の1つのこつは，

適切な環境で行うということです。それが緊急な場合でない限り、時間をゆっくりとれ、お子さんに十分な注意を向けてあげられる時まで大切な話し合いは持たないに限ります。しかし、もし、すぐに応じることができない場合でもその気持ちを分かち合う時間を必ずとる必要があります。例えば、みんなを学校に送り出さなければならない忙しい時間に、もし、お子さんが何かの問題について語ったら、それ以上の会話を続けるために時間をとることは難しいでしょう。しかし、あなたにはほんのちょっとだけでも立ち止まり、目を合わせ、お子さんに触れ、"今はお話しする時間がないね。帰ってきてからお話ししましょう。"などと言ってあげることはできます。同じように、もし、あなたがお子さんとなにかの話し合いを始めたいと思っているなら、話し合いをするためにふさわしい時間を見つける必要があります。外に出て友だちとサッカーをしたいというお子さんは、遊びから遠ざけようとするそれ以上の話にはあまり耳を傾けようとはしないでしょう。そうした問題をなるだけ少なくするためには、あなたは一緒にプライベートな時間を用意しなければいけません。あるいは、家族全体の問題を含んでいるような話題であれば、あなたの心配を分かち合う目的で家族会議を招集することも1つの方法でしょう。

ルール2：フィードバックと肯定　上手なコミュニケーションのもう1つのコツは、お子さんが話していることをあなたが理解しているのかどうかをあなた自身チェックし、あなたが理解できたということをお子さんに伝えることです。こうしたことは、例えば、"あなたがどう思っているか、ママにはわかっていると思うよ。"とか"なるほど"とか、"そりゃあ、怒るよね"といった一言を時々加えてみることでできるでしょう。もし、あなたがお子さんの話している意味がわからなければ、"あなたのお話の意味を確かめさせてくれるかな。そうすれば他のお友だちのようにお兄ちゃんと遊べ

ないことがあなたにとってどんなに寂しいだろうかわかるから"などと言ってみてはいかがでしょうか。お子さんの気持ちを言い返してあげたり，あなたが注意深くお子さんの話を聞いているということを強調してあげることは，あなたが本当にお子さんを理解したいと思っているとお子さんに感じさせる雰囲気を作り上げるためにとても役立つでしょう。時には，お子さんの気持ちを，繰り返して返してあげることがお子さん自身が感じていることを明確化してあげるために役立つかもしれません。みなさん誰でも，自分自身で，ただ，考えているよりも大きな声で口に出した時の方が物事が違って感じられるという経験をされたことがあるでしょう。

　誰かが何かを話している時に，その意味を自分がわかっていると思いこまないことがとても大切だと思います。私は一生懸命聞こうとしますが，もし相手の言うことが正確にわからないと思った時には，私にわかるように話してもらえるようお願いします。例えば，私たちは，それぞれ同じことばを違った意味に使うことがあります。私の"頭にきた"は，あなたにとって"カンカンだ"かもしれませんし，私の"うれしい"はあなたにとって"天にものぼる気持ち"かもしれません。私が知っているあるお母さんは，"緊張した"ということばを，私なら"怒った"というはずの時に使い続けていました。私がそのお母さんに緊張ということばで何が言いたいのか尋ねると，彼女が語った体験は，私が"怒った"ということばで意味することにとても近いことがわかりました。ただし，彼女は，怒りのもっと身体的な感覚に焦点づけていたのに対し，私は，怒りという思考に，ずっと注意を向けていました。もし，私が彼女に尋ねることがなければ，彼女にとっての"緊張した"の意味は私にはっきりわかることはなかったでしょう。

　ルール3：あなた自身の気持ちについてオープンであること　　コミュニケーションは二車線です。良い聞き手であると同時に自分の気

持ちや考えを伝えようとすることが大切です。このことが意味するのは，お子さんに対して，正直に伝えるということのモデルを示し，お子さんの年齢に適切な形で情報や気持ちを分かち合うということです。私たちは他者に対して自分が彼らのどういったところが好きで，彼らのするどういったことが自分を悩ませてしまうのかについて話せるようにならなければいけません。中には，怒りの感情よりも愛情を分かち合う方が簡単だと思う人々がいます。一方で，愛情よりも怒りを声にあらわにする方が簡単な人々もいます。コミュニケーションの健康的なバランスが大切なのです。こどもたちは自分が愛され，かわいがられていることを知らなければなりません。また，こどもたちは，何をすれば私たちを困らせてしまうのかについても知らなければいけません。ネガティブな気持ちもポジティブな気持ちも建設的な形で分かち合うことは価値ある親としての技なのです。

　しばしば，私たちは，お子さんがしていることについての悩みを，荒々しく怒りをあらわにしてしゃべることによって表現することがあります。これは通常，お子さんが自分のしていることをわかっていて，親をわざと困らせてしまいたいと思っているという仮定にたっています。確かに本当にそうであることもありますが，お子さんは，私たちが困っていると伝えてあげない限り，自分が私たちを困らせていることに気づいていないことがしばしばです。さらには，こどもたちは自分がやっていることの影響に気づかないまま物事を行っていることがしばしばあります。とても幼いお子さんが，"汚したらダメよ"とテーブルじゅうにミルクをこぼしながら言うことがあります。お子さんのことばや考えは必ずしも行動をコントロールできるわけではないのです。年長のお子さんでさえも，行動する前にじっくり考えることができないことがあります。行動を変えるためにはお子さんには，建設的なフィードバックが必要なのです。

しかし，感情をうまく調節して分かち合うことができず，むしろ，激しい怒りをあらわにしてしまったとすると，こどもたちは私たちの声を聞くことが難しくなってしまいます。そして，おそらく，めんつを失うことなく自分を変えることができなくなるでしょう。それゆえ，フィードバックは明確であるけれどもその影響がお子さんに対してあまりに過剰ではないことが最良なのです。

お子さんに否定的な気持ちを伝えようとする次の例を考えてみてください。Rさんは上の男の子に困っています。その男の子は遊びに出かける時，居間にプラモデルのおもちゃを散らかしたままで，自閉症の妹さんはそのおもちゃを見つけ，鋭い角っこで怪我をしてしまいました。その日，彼女は，とても興奮し，落ち着くのが大変でした。

Rさんは，後ろのドアが閉まるのを聞き，息子さんが丁度，家に戻ってきたのがわかりました。まさにコミュニケーションの時です。2つの起こりうる応答を検討しましょう。最初の場面では，息子さんが入ってきた時，Rさんは立ち上がり，彼に怒鳴りつけます。"おまえはそこら中にプラモデルのおもちゃを置いたままだ。妹は怪我をして，それでかんしゃくを起こして，落ち着かせるのが大変だったんだ。どうしてもっとちゃんとしないんだ。"それは気持ちを正直に伝えてはいますが，きっと問題の解決をするどころか，もっとみんなを困惑させるのはほぼ間違いありません。

もう1つの場面では，Rさんは男の子が入ってきた時に言います。"お兄ちゃん。お話ししておかなければいけないことがあるよ。時々，お前はとてもうれしいばっかりに，友だちと出かける前に物を片付けることを忘れてしまうね。お前は，とても楽しくなると，きちんとすることを思い出せなくなっちゃうね。でもね，お前がそこらじゅう散らかしたままにしてたから，妹は怪我をしちゃって，かんしゃくを起こして，お父さんは1日中，すごく大変になっちゃ

表 2　家族会議のルール

1．家族全員が参加するべきです
2．テレビは消して留守番電話をセットしておきます
3．家族だけです
4．みなが話す順番があります
5．1人が話している間，みなは聞きましょう
6．家族は考えや気持ちを，最大限，分かち合いましょう
7．誰かの考えや気持ちをおもしろがるのは不公平です
8．もし家族が賛成できないのなら，両親が最終決定権を持ちます

ったんだ。どうすればお前が，もっと，注意深くなってくれるか，一緒に考えようか。"2番目の例では，父親の欲求不満の気持ちを伝えてはいますが，息子さんが無責任というより，むしろ，きちんとできるようになるよう手助けする必要があると仮定しています。次の段階で，お互いの問題について息子さんと一緒に解決法を考えることになります。

　問題の解決の仕方として，適切な結果に応じて行うという方法もあります。例えば，もし，息子さんが次の数週間，安全な場所におもちゃを片付け続けてくれれば，お父さんが新しいプラモデルを息子さんに買ってあげるということが考えられます。しかし，もし，彼がおもちゃを大切にしていなければ，そのおもちゃは数日の間，取り上げられるかもしれません。

ルール4：他の人の気持ちを受け入れること　私たちはいつもお互いに賛成をするとは限りませんが，お互いの気持ちの正しさを尊重することは大切です。もし，娘さんが，あなたが弟くんと過ごした時間のことで怒っている気持ちを伝えてきたなら，娘さんの気持ちを受け入れ，それが当たり前の，よくわかる気持ちであることとして認めてあげることが大切です。彼女がこれらの気持ちを伝える時，もしあなたが怒っていて，防衛的ならば，おそらくコミュニケ

ーションのラインは切れるでしょう。お子さんの立場に身を置くことにベストを尽くし，お子さんの気持ちを丁寧に聞きましょう。例えば，もし，あなたが娘さんの立場だったら同じことを感じるはずだということを言ってあげられるでしょうし，どんなに彼女が困っているかをあなたが理解しているということを彼女に返してあげられるでしょう。もし，あなたがそれができるなら，娘さんはもっと，あなたにいろいろと伝えるようになるでしょう。あなたが娘さんの気持ちを十分に聴けば聴くほど，彼女を手助けすることができるのです。

気持ちが理にかなっていると認めるからといって，こどもたちが感情に従って行動することをよしとするわけではありません。娘さんは気持ちを直接的に出すのではなくて，感じていることをことばにして話すようにならなければなりません。例えば，弟をいじめるのではなく，自分は怒っているのだとあなたに話せるように娘さんはならなければいけません。お子さんがこの目標に達するための手助けをする役割は，あなたにとって時間がかかり，我慢がいることとなるでしょう。

中には，コミュニケーションをするうえで，親の努力によく答えるこどもたちもいますが，答えないこどもたちもいます。もし，あなたが最大限の努力をしたにもかかわらず，お子さんの心を動かすことができなければ，あるいは，あなたのお子さんの行動が特に大変であれば，プロのセラピストの助けを考えたいでしょう。例えば，自閉症の弟くんを怒鳴り続ける，あるいは大切な家族のルールに背くお姉ちゃんには，外からの支援が必要です。同じく，慢性的に怒っていたり，お兄ちゃんなんて死んでしまえばいいとか，精神病院に入ってほしいなどといったことを繰り返して言うお子さんは，あなた1人でというよりも，プロの支援が必要です。

家族会議

コミュニケーションはいつも一対一で起きるとは限りません。私たちがこの章で紹介したマーティン家の事例でみたように、皆の人生に関わるような問題が起きる時、情報を分かち合ったり、問題を解決するために家族全体が集まることが役に立ちます。ここで自閉症のお子さんについて話し合えますし、他の問題を考えることもできます。家族会議は、家族の誰からでも召集できます。親でもこどもでもです。ローズマリーとダン・マーティンはこの章の初めで紹介したような会議を開きましたが、こどもたちもまたそのような会議を召集してもよいのです。

こうした家族会議は特別な時間としてみなされるべきです。表2に示したような家族のルールを置くべきでしょう。こうした会議の時に、両親はお子さんと重要な情報を共有することができたり、家族に迫られた決断についてこどもたちの意見を聞けたり、あるいは一緒に家族行事の計画を立てたりすることができるのです。家族は家庭の問題に対する解決策についてブレーンストーミングすることもできます (Forgatch & Patterson, 1989)。これはマーチン家がジョーの卒業祝いを計画するときに用いた方法でした。まず第一段階は、みんなが率直に意見を言うことです。それはリッチの提案のように世界一周旅行という不可能なものであるかもしれません。あるいはキャシーの提案のようにワシントンD. C旅行という現実的なものであるかもしれません。

いくつかはとっぴであったり、現実的であったりしましたが、見込みのあると思われるもののリストを作り上げた後、マーティン家はそのリストについて話し合い、家族はキャンプに行くというジョーの意見が一番いいという決定をしました。マーティン家の人たちはみんな、他の人の意見をからかわないようにしていることに注意して下さい。リッチが世界一周旅行を主張したときも、1つの見込

みあるものとしてリストに書き留められました。ブレーンストーミングを研究している人たちは私たちに教えてくれました。ある意見の利点をあまりに早く判断してしまわないことが大切であること,さもないと人々が自由に参加できなくなってしまうということです。ブレーンストーミングした後,可能な解決策か,不可能かが決められるのです。家族によるブレーンストーミングの時間は,あなたがどれほどにも想像力を膨らませることができるチャンスなのです。

おわりに

要するに,コミュニケーションは一度きりのできごとではないのです。それはお子さんの年齢や家族のニーズとともに変化する,継続していく過程なのです。時には意思疎通がうまくいくだろうし,それまでのようにちゃんと話を聴かなかったり,あるいはあなたが望むほど率直に分かち合うことがなかったりして,がっかりするかもしれません。それでいいのです。私たちはみんな,強い時もあれば弱い時もあります。大事なことは,あなたの家族の雰囲気全体が,他の人の体験を理解したり,一緒に問題を解決したりするためにみんなが努力している雰囲気であることなのです。こどもたちは両親が正しいことをしようとがんばっていることを知って,失敗に対して非常に寛大になれるのです。だって,これまでの歴史の中で子育てにほんのわずかの失敗もない親なんていないのですから！

親御さんの話

私は固く信じています。もしもトミーが自閉症でなく生まれていたら,私のこどもたちは全く違うこども時代を過ごしたでしょう。それはとも

かく，自閉症のお子さんを持つ他の親御さんに対してできる私の提案は，こどもたちのためにそこにいて，自閉症のきょうだいに関して，良いものであれ，悪いものであれ，自分の感情について率直に話してくださいということです。親として私たちはトミーに関する全ての試練や苦難を他のこどもたちとともに乗り越えてきました。私たちは彼らが望む時に自分の意見を言うように励ましました。そうすることで今度は，こどもたちに，自分たちがトミーの人生のとても重要な一部だと感じさせ，多くの状況におけるストレスから楽にしてやる助けになりました。

私は，家族がお互いに率直で正直である限り，いかなる状況もほぼ切り抜けられると信じています。トミーは我が家の会話において最も重要な話題で，こどもたちがその日，彼に対して感じていることがどのようなものであれ，その気持ちを表現します。時には問題は完全に解決しないままですが，少なくともこどもたちは私たちができる時はいつでも，私たちがそこで話を聞いてくれ，助けてくれることをわかっているのです。

* * *

私たちは上の息子マーチンとつらい時間を過ごしてきました。2，3年前，息子が13歳のときでした。マーチンはいつも明るく，元気な少年で自閉症の妹エマを助けていました。突然，マーチンは社交的で元気で手のかからない子から，自分の部屋でほとんどの時間を過ごすさみしげな少年になってしまいました。私が彼にどうしたのかと尋ねると，彼は不機嫌になって部屋に戻ってしまいます。妻と私は途方に暮れてしまいました。ついにある日，彼を座らせ，お互い話をする必要があることを伝えました。私は彼の悲しみが私を苦しめていること，私は彼の助けになることをしなければならないことを伝えました。結局，彼はとてもしぶしぶながら，話し始めました。それは深刻な行動の問題を持つエマにどう対応するかについて，最近，妻と私が言い争っていたのを聞いてしまったということでした。私は気がつきました。マーチンを守ろうと考えばっかりに，私たちは起こっていることの真実の半分しか彼に伝えていなかったのです。私たちが家族としてテーブルを囲み，話すとき，マーチンを十分に助けてあげられていると勘違いしていたのです。また，

妻と私はその状況がどれほど私たちを悩ませていたか，そして私たちはそれを解決するために何かしなければならないことにも気がつきました。私たちは最後には大いに助けになってくれる心理学者のカウンセリングに行きました。

* * *

私は上の息子に関して，多くの問題を抱えていました。息子は，私たちが妹を家に連れて帰ってきたその日から，彼女に対して腹を立てていたようです。そして，彼女が自閉症であり，特別な世話をたくさん必要とすることを私たちが知った時には，事態はさらに悪くなっていました。そのころ，夫は2, 3年前に私を置いて先立ち，息子はそのことから全く立ち直っていませんでした。私と息子は心理士をたずね，一緒に家族療法を何度か受けました。それはいくらか役に立ってきました。私は彼に対してより正直になり，彼は自分の感情をいくらか表現するようになりました。私は彼に制約を与える方法をも学ぶことができたので，息子は，今は，以前よりもうまく自分のふるまいをコントロールできるようになってきています。それが助けとなっていますが，しかしそれは簡単ではなく，時には，あまりにも高すぎてひとりでは歩けないような山を登っているような気がする日もあるのです。

* * *

私は，みなが自分たちの感情についてあまり話さない家族の中で育ちました。私は，私自身の家族を持つときは，それとは違ったものにしようと心の中で決めていました。そして実際，今，違っています。私たちは，クリストファーが自分の自閉症に対処するために何を必要としているのかについて，多くのことをこどもたちに話します。そして，私たちは，自分たちの気持ちを分かち合うのです。私は，それが全てにおいてとても大きな違いをもたらしてくれているのだと思っています。

* * *

私はいつも，自分がこどもだった時，どれほど両親が私に話をしてくれたかということに感謝しています。両親は，私に弟の自閉症について話してくれました。そして，どんな時に，私が弟をからかったり，ちょっとだけですが，つきとばしたりしていじめたりするのか，わかってい

るようでした。両親はそれでいいよとは言わなかったのですが，実際に，罰しようともしなかったのです。両親は，私の最も仲のよい友だちが自分の小さな妹をいじめたときにその友だちがしかられるのと同じやり方で，私をしかったものでした。それ以上でもそれ以下でもないのです。そのうえ，両親は，どんなことをすれば私が弟といっしょに遊べるのかを見つけるのを助けてくれました。別に理想的な親というわけではないし，どんな親でもするような間違いを両親がすることもあったと思っています。しかし，私はいつも，彼らが私に耳を傾けてくれて，平等であろうとしていたのをわかっていました。今や，私は成長して，両親が私たち2人や自閉症の弟を育てるのに，どれほど大変だったかわかっているので，それだけいっそう，そのことを感謝しています。

Chapter 4

じょうずにバランスをとる
家族，仕事，そしてあなた自身のための時間を見つけましょう

ゴンザレス家

　マリア・ゴンザレスは，自分が1度に，100のことをしているような気がしました。お弁当を詰めて，テーブルにコーンフレークを準備し，赤ちゃんが泣いて彼女の脚を引っ張るのをやめさせるためにクマのぬいぐるみを見つけ，忘れずに本を持って学校の図書館に行くように，上の娘に階段下から声をかけなければなりません。こどもたちを学校まで送り出したり，マリア自身が車で仕事に行く前に，おばあちゃんの家で赤ちゃんを車から降ろしたりして，毎朝，目の回るような忙しさでした。夫のカルロス氏は，仕事のために早めに家を出て，今朝のめまぐるしい状態を知りませんでした。しかし，カルロス氏は，マリアより前に家に帰り着き，学校からの下校バスを降りる息子，C. J. が学校からの下校バスを降りてくるのを最初に出迎えます。C. J. は今，9歳で，3歳の時に最初に自閉症と診断されてから，ずっと特殊学級にいます。何て学校はありがたいのでしょう。C. J. はうまくやっていました。そして，今，通常学級で毎日2時間，そしてその残りを特殊学級で過ごしています。来年，カルロス氏夫妻は，C. J. をもっと通常の教室で過ごさせようとしていました。C. J. は，お利口で，お勉強はよくやっていま

した。しかし，社会的な能力や情緒的なコントロールには，まだ問題がありました。そして，他のこどもたちとどのようにしてうまくやっていったらよいのかを学ぶのに，たくさんのサポートを必要としました。マリアやカルロス氏は，毎晩，彼のために時間をさかねばなりませんでした。彼が日課をこなしたり，うろたえるようなできごとがあった後，気持ちを取り戻す手助けをするためです。

高速道路を通って通勤しながら，マリアは，家族のみんながどうしてそんなにうまくやれているのか，不思議に思っていました。彼女自身は，時々，エネルギーを使い果たしてしまって，ポキンと折れてしまいそうな気分になっていたからです。4人のこどもと常勤の仕事はあまりにも多すぎました。年上の娘である，ナターリアは大きな助けになりました。しかし，マリアは，C. J. があまりに多くの援助を必要としていて，4歳のガスはいつも足元にまとわりついているので，自分があまりにも多くをナターリアに頼りすぎているのではないかと心配していました。ナターリアは，前の晩, 堪忍袋の緒が切れたようでした。マリアが，木曜日の晩に行われるナターリアの学校での特別プログラムに来ることができなかったので，泣いていたのでした。C. J. の学校で保護者会があり，マリアは，自分はそこに行かなければと感じたからです。ナターリアはしくしく泣いて，自分がすることはC. J. がすることほど大切ではないのだと言い張りました。マリアはそのことをとてもつらく思いました。そして，どれだけ自分がナターリアを愛しているかを理解してもらうために，何をしたらよいのかわかりませんでした。

彼女を困らせていたのは，ナターリアとの関係だけではありませんでした。彼女は，夫との時間をほとんど持っていませんでした。夜，ベッドで眠る時まで，2人ともあまりに疲れていて，話すこともできず，ましてや愛をはぐくんだり，抱き合って互いの愛を確かめたりすることさえも少なくなりました。マリアはため息をついて，カルロスが，今と比べて，昔はどれほどすばらしく，優しい男の人だったことかと思い起こしていました。そして，彼女はカルロスに対して孤独を感じていました。

駐車場が彼女の前にぼんやりと見えてきました。気持ちのチャンネルを切り替えて，自分の仕事に集中する時です。彼女は仕事が好きで，一緒に働いている人々と楽しくやっていました。時々，会社は，全くのプライベートな時間を持つことができる，唯一の場所のような気がしました。歩いて自分の会社に入っていき，1杯のコーヒーを飲んで，ドアを閉め，電話が鳴る前の数分間，やっと静けさに包まれる。なんてすばらしいことなのでしょう。

はじめに

マリア・ゴンザレスが直面した問題の多くは，その家庭に自閉症のお子さんがいようがいまいが，どの家族にも当てはまることです。家族生活というのはバランスをとる，という行為といえます。両親はしばしば，こどもや夫や妻，そして自分自身に必要なことを満たそうと頑張っています。もし，両親が共働きであったとしたら，それはずっと大変なこととなるでしょう。なぜなら，仕事上の責任に加えて家庭内の雑用にも取り組まなくてはならないからです。これらのストレスは，ご存知のように，西洋文化の家族生活においては，避けられないものです。もし，自閉症のお子さんがいたとしたら，その責任というのは，そのお子さんの特別のニーズのためにより重いものになりえます。自閉症のお子さんがいることで新たに加わるニーズは過大なものなので，女性は家庭外では働けなくなり，その一方で父親は妻が働かない分の収入を埋め合わせるためにより長いあいだ働くことになります (Alessandri, 1992)。

この章の初めでみたエピソードのように，マリア・ゴンザレスは次から次に出てくる多くのことを満たそうと努力しました。母，妻，娘，従業員など，それぞれの役割が彼女を押しつぶし，しかもそれはしばしば同時にでした。それぞれの役割は，もっともなものであ

ったし，大切なものでした。ではどのように選択すればいいのでしょうか？ C. J. の学校である夜の保護者会に行くことが大切なのでしょうか。それとも，ナターリアの学校の行事に行くことなのでしょうか。彼女が本当にしたかったことは，きっと家で，夜の間，ゆっくりと足を伸ばして休めることでしょう！

　研究によると，母親は健常児よりも障害を持ったお子さんと，より多くの時間を過ごすといわれています（McHale & V. Harris, 1992）。注意の向け方のこの違いは家族の中で他の一部のこどもたちに，嫉妬の感情を持たせてしまう可能性があります。おそらく，ただ単に彼らと過ごす時間の問題だけではなく，彼らがこの違いの意味をどうとらえているかが，こどもたちに最も大きな違いをもたらします。もし，健常児が，両親は自分のことよりも自閉症児のほうをより愛しているのだと感じてしまったら，それは注意の向け方が異なることの理由を理解できる場合よりも，悪い影響をもたらしてしまうでしょう。このことは，再度，家庭内での良いコミュニケーションの重要性について語っています。

　年上のこどもたちは，お父さんやお母さんが自閉症のきょうだいのためにしてあげている全てのことがどんなに大変なことかをわかっていると時々私に話してくれます。そして，その子がなぜ，よりたくさんの世話が必要であるかをわかっているとも語ります。しかしながら，きょうだいのことをとてもよく理解していてさえ，両親の自分たちへの注意の向け方に違いがみられることが公平でないと感じる時，いくつかの問題にぶつかりがちです。これは，ゴンザレス家の例でみてきました。ナターリアが，母親がC. J. に注意を向けることで，自分の時間が奪われたと感じていた時のようにです。

　時間と手段に関して，ご両親に求められていることに対する完璧な解決策というのはありません。あなたが取捨選択を行わなければならず，時には1人あるいはそれ以上の家族の一員が，あなたがど

ういった取捨選択をするかでがっかりすることがあることは避けようがありません。それは，どこの家族にもあることです。しかし，計画を立てることでそうした失望感を軽くしてあげることはできるかもしれないし，効果的なコミュニケーションをとることで，お子さんが望んでいたようにことが進まなかった時，がっくりきてしまうようなことは減らすことができるかもしれません。

もっと愛してあげましょう

　こどもたちは自分の扱われ方の違いにとても敏感です。そのような扱われ方の違いは避けられませんし，時にはそれは必要とされることでさえあります。しかし，それは，怒りや失望の原因ともなりえます。私たちは普通，こどもの年齢の違いに応じて，それぞれ異なる特権や就寝時間，お小遣い，責任というものを与えています。もし，あなたに2人のお子さんがおられるとしたら，それぞれのお子さんに対する扱いかたの違いは，年齢や成熟度，ニーズに基づいています。これらの決定は，あなたにとっては理にかなって賢明なことに思えますが，自分自身が少しの特権しかもらえていないと感じているお子さんにとっては，あまり公平でないように見えるかもしれません。なぜなら，自分が，年齢にふさわしい，より多くの自由を与えてもらえるきょうだいよりも幼いということをわかっていないからです。したがって，お子さんには，特権のうちいくつかは1人のこどもが他の子よりも愛されているからではなく，年齢が進むと責任が大きくなるのと同じように自由も増えるのだという理由で与えられているということを理解させてあげることが必要でしょう。たとえ，少々抗議していても，こどもたちは，成長するにつれて自分も公平な分け前を受け取っていることに気づき，両親に愛され，自分の価値を見つけてくれていると感じる限りは，このやり方

の公正さをたいてい理解することができます。

　年齢によって，特権を変えるということは比較的簡単にお子さんに説明できるかもしれません。特にお子さんが幼い時，なぜ1人のきょうだいが自閉症というだけで，両親の注目をたくさん浴びるのかということを説明することはずっと難しいことです。両親が自分の学校の行事ではなく，C. J. の学校の集会に行ってしまったという，ナターリア・ゴンザレスの怒りはとても理解しやすいことです。公平さが足りないことは，両親の愛情の不足によるものではないけれども，自分が両親の注目を得ていなかったという判断は正しいかもしれません。それとは反対に，マリアはナターリアを親愛なるこども，彼女の唯一の娘として尊重していました。彼女はまた，ナターリアのことを家では最も強力な助っ人として，大変ありがたく思っていました。それでもなお，マリアやカルロス氏は，自分のために両親が公平に時間を使ってくれているとナターリアに感じさせるようにバランスよく注意を向けてやることができていませんでした。この種のジレンマを，うまく解決していく方法をこの章では考えていきます。

一緒？ それとも別々？

　家族として何かをするということについてどのように思われますか？　多くの親御さんは家族の活動はいつも家族ぐるみで行わなければならないと信じておられます。もし博物館に行こうとしたら家族全員が行き，お子さんの草野球の試合に行くとすれば全員で行かれるでしょう。もし自閉症児がいれば，いつもそのお子さんを家族の行事に参加させなければならないと特に強く感じるかもしれません。親御さんはお子さんがいつも家族や地域の一員として完全に参加していなければならず，家族の一部が楽しい時間を過ごしている

とき，他の誰かがベビーシッターと一緒に家に残ってはいけないとはっきりと考えておられます。

　私は家族全員が家族行事に参加しなければならないという考えを尊重しますが，ある行事に誰が参加すべきかは柔軟に考えることが大切だと考えています。もしお兄ちゃんがコンサートに出る時，自閉症のお子さんがじっと座っていられないなら，連れて行ってお兄ちゃんのための大切な時間をじゃましてしまうより，ご両親だけがコンサートに行くのが，親としてはもっと大切だと考えています。こどもたちはみんな，輝けるチャンスが必要です。でも，時々，自閉症のお子さんはきょうだいが関心の対象になることを妨げる影になるかもしれません。ですが，それでいいわけではありません。こどもたち1人1人が母親，父親，また両親とともにある程度の別々の時間を過ごすのがおそらく非常に重要なことです。これは自閉症のお子さんを持つ家族だけではなく，すべての家族に当てはまります。たぶん，あなたは，1人で両親の注目の的となったこどもの頃の特別なできごとについての，愛情にあふれた思い出を持っておられるでしょう。あなたのお子さんにも数年先に同じ思い出をもたせてあげたくはありませんか？

　一緒に過ごす時間は，長い必要もなければ，それぞれの親御さんと毎日過ごす必要も，特別な行事をあれこれ考える必要もありません。けれども，少なくとも1週間に何回かは，お母さんあるいはお父さんと一緒に何らかのプライベートな時間を過ごす機会があるのだと，それぞれのこどもたちがわかっておくべきです。その時間，親御さんはそのお子さんに全力を傾けるべきです。例えば，あるお父さんが土曜日の朝，ホームセンターに道具を買いに娘さんを連れて行かれたとします。ドライブの行き帰り中，お父さんは，3章でお話したある種のコミュニケーション技能を用いて娘さんに気持ちを集中させるのです。同じ時間に，奥さんが自閉症の下の息子さん

を連れてクリーニング屋に行くといった具合です。

　ゴンザレス家が，毎日こどもたちと触れ合えていることを確かめるために決めたことのひとつは，年下のこどもたちを寝かしつけるのを交代ですることと，ナターリアが2階の自分の部屋に上がって寝てしまう前に，彼女と一緒に過ごすことでした。ある夜は，カルロスが今日あったばかりのことを話したり，明日の日課を立てたりしてC. J. と関わっているとき，一方でマリアはガスをベッドに入れて毛布でくるみ，10分か15分，ガスに話しかけたり，歌ったり，添い寝をしたりします。夕刻遅くになって，ナターリアがそろそろ寝る時間になって，彼女が夜食をとっている間，両親のうちの1人が一緒に台所に座っていたものでした。これが分かち合う時間でした。毎晩忘れずにこのことを続けていくと，彼らはそれぞれのこどもたちと過ごす別々の時間が，少なくとも1日に数分はあることに気がつきました。この心配りのおかげで，両親は目に見えない問題を気にかけるようになり，こどもたちは両親が毎日ひいきのない親としての心配りをしてくれることを知ることができたのです。

　マリアとカルロスがとったもうひとつのアプローチは，1週間に何日か，より長い時間を何とか工面するか，あるいは，毎週土曜日の朝に一緒にテニスをしたり，日曜日の午後にゆっくりお散歩をしたりするような特別な活動を一緒に行うことでした。

　こどもたちのためにふさわしい計画を立てた後，マリアは，自分とカルロスは自分たち自身のために何かの計画を立てる必要があると言いました。マリアは，自分がこどもたちのために必要なエネルギーを保っていこうとするのなら，カルロスと一緒に過ごすプライベートな時間を持つ必要があると思ったのです。そこで彼らは，マリアの母親，マリアのおば，カルロスの弟，高校の時からの親友の4人にそれぞれ1ヶ月に1度，土曜日の夜に出て来てくれないかと頼みました。4人の支援者は，C. J. の特別なニーズをそれぞれに

理解してくれていたので，マリアとカルロスは，自分たち自身のための1週間に1度の夕方を楽しみにすることができたのです。自分たちには楽しみなこの時間があるとわかっているだけで，1週間の大変なできごとに我慢しやすくなりました。もし，彼らが友だちや家族に頼ることができなかったならば，ゴンザレス家は，両親のプライベートな時間を確保するというニーズを満たすために，国あるいは専門の施設によるレスパイトケアや，教会の人々による支援，あるいは近くの大学の特殊教育の学生による育児支援などをじょうずに検討したでしょう。

一緒にいること

こどもたちにとって，両親と一緒に特別の時間を持つことは大切ですが，家族として一緒にいることもまた，大切なことです。家族であるということは，分かち合うということでもあります。すなわち，一緒にする活動についてみんなで決めたり，一緒にどこかへ行ったり，家族で冗談を言いあったり，家族の楽しみを持つことです。通常に発達しているこどもたちにとって，時々，自分たちが自閉症のこどもから離れて何かをすることもあるのだとわかる必要があるのと同じように，自閉症のこどもは家族の一部なのだと理解することは大切です。

両親は，自閉症のきょうだいと一緒にいるところをみんなに見られたくないというきょうだいの恥ずかしい気持ちに，注意を払う必要があります。彼女はこのことを直接声に出して言うかもしれないし，あるいは家族の活動を避け始めるかもしれません。このことは，こどもたちが仲間たちの目に自分がどんな風に映るのかを強く気にし始める，前思春期の問題になるかもしれません。お子さんの経験の1つの表現として，これらの気持ちを聴いてあげたり，尊重してあげたりすべきです。彼女の気持ちは全ての家族の活動をやめる根

拠にするべきではありませんが，歩み寄りは必要なのかもしれません。こうした不快な気持ちは，自閉症児のきょうだいに独特なものではありません。多くの思春期のこどもたちは，家族と"自分との関係を否認"し，どのように自分が公衆の前で扱われるべきかについて両親に対して厳しいルールを設けようとするかもしれません。例えば，ティーンエイジャーは両親に，人前で抱きつかないでとか，髪をとかないでとか，家族のニックネームで呼ばないでとか頼むかもしれません。同じように，ご両親はティーンエイジャーにとって大切な行事に，じっとさせておくのが難しい自閉症のお子さんを連れていかないことに応じなければならないこともあるかもしれません。むしろ，田舎をサイクリングするとかキャンプをするとかいうようなもっとプライベートな自然の活動を，家族で過ごす時間として大事にするのもよいでしょう。このようにして，ティーンエイジャーの気持ちを守ることができ，その上で一緒の時間を楽しめるのです。

　自閉症のお子さんと一緒にできる活動を見つけるのは，時に難しいこともあります。話をしたり，身の回りの世話といったような他の技能が徐々に学習され，より複雑なものとなっていくように，この種の，一緒に物事を行うための技能は，時間をかけて身につけることができるのだと理解しておくことは，おそらく役立つことでしょう。あなたのお子さんの先生は，お子さんの能力の範囲内で活動を決め，お子さんが技能を学べるようにするためのプログラムを作るお手伝いをしてくれる貴重な相談役になるでしょう。

　多くの自閉症者がとてもうまくこなすことのできるような，家族で一緒にやれる活動の例として，ジョギングやボウリング，サイクリングなどがあげられます。買い物や料理，あるいは映画鑑賞などもそうかもしれません。私の知っているある家族の思春期の息子さんは，地図に魅了されています。家族旅行の際，彼は案内人として

運転手にいつ曲がればよいかを教えたり，ガイドブックに載っている観光名所が近づいてきたときには他のメンバーが見過ごすことのないように注意を促したりします。この役割のおかげで彼は幸せを感じることができますし，家族旅行において不可欠な存在になりえるのです。自閉症の人がある活動の基本的な技能を習得するには長い時間がかかるかもしれません。しかしながら，適度な目標から始め，次第に目標が広がるように組み立てるならば，多くの自閉症児が親やきょうだいと毎朝サイクリングやジョギングに行けると考えるのも理にかなうことなのです。

　同じように，もし自閉症のお子さんが，家族で買い物に出かけたときに我慢できないようであれば，あなたは，少しずつ我慢することを経験できるように組み立てなければならないかもしれません。初めは短時間だけにし，次第に時間を伸ばすとか，人がより少なく，騒音や混雑の少ない静かな時間帯を選ぶといったことができます。買い物に行くとき，初めのうちは2人のおとながそれぞれの車で行く必要があるかもしれません。そうすることで一方が買い物を済ませるあいだ，もう一方は自閉症児をじょうずに外に連れて出ることができるのです。10分の買い物が，毎月少しずつ長くなり，ついには自閉症児が買い物の全ての時間を我慢し，楽しむことができるようになりうるのです。たとえ，お子さんが新しい活動にことごとく抵抗したとしても，親御さんが辛抱強く新しいことを取り入れ続けることが大切です。自閉症者が世の中でじょうずに生きていくためには，変化に耐えられるようになることが必要条件であり，それゆえ，変化がもたらすストレスへの対処法を学ぶことは児童期における重要な課題なのです。

プライベートな空間

　家族にとって，時間を共有することは大切ですが，それぞれが離

れて過ごす時間を持つこともまた大切です。1人の時間というものは，家族にあっては最も手に入れがたいもので，手に入れるには多くの計画を必要とするかもしれません。しかしながら，親御さんは夫婦として，あるいは個人として，お子さんから解放される時間が必要です。あなたはリフレッシュする時間，パートナーと楽しむ時間，そして自分自身を一個人として認める時間が必要です。これは単に自分に甘いということにはなりません。この社会において人が精神的に健康であるためには，自分は社会の一部であるし，一個の人間でもある，と感じられることが大切であるように思います。どれだけプライベートな時間が必要であるかについては個人差や文化差がありますが，西洋社会で育ったほとんどの人は，ある程度，個を重んじるように教えられてきています。

　お子さんもまたプライベートな時間を必要とします。それは自分の趣味に費やす時間であるし，流れる雲を眺める時間，あるいは自転車に乗って，物思いにふけるのにお気に入りの場所まで行く時間です。そのような自由時間は，こども時代の思い出の中で，我々の多くが大切に思うものの1つです。自閉症のきょうだいを持つと，ご両親がかなり敏感に過度の負担から守ってあげない限り，そのお子さんはプライベートな時間を確保することが少し難しくなるということになりかねません。自閉症のきょうだいの世話と家事とが過度になり過ぎて，お子さんが自由時間を持つことができないといったことにならないようにすべきです。

　自閉症のきょうだいと一緒に過ごすということを含めて，お子さんが家庭の責任を分担するようになることは大切なことです。しかしながら，その責任は，お子さんが自身の生活を追求するのに必要とする時間を圧倒するほどのものであるべきではありません。一部のこどもたちは親に対してあまりにも協力的であるために，あまりあるほどの責任を受け負ってきているのだということや，こども時

代の一部を投げ出すことで高価な犠牲を払っているのだということが認識されにくいかもしれません。学校から帰宅して家事や宿題に追われるお子さんは、こどもとしての自由を味わう機会をほとんど持たないでしょう。これは、ナターリア・ゴンザレスの両親がそのパターンに気づき、彼らの日課を一部変えてあげるまで、彼女に起こる危険性のあるものでした。

お子さんのプライバシーの権利として、ご両親は健常児の空間や所有物、あるいは活動に対して物理的な境界線を設けるよう努めるべきです。理想的には、これはそれぞれのお子さんにこども部屋を与えるということになるでしょう。必要であればドアにカギもつけます。もしこの程度のプライバシーが不可能で、自閉症児と部屋が一緒になるのであれば、きょうだいには何らかの安らげる空間が必要です。例えば、クローゼットや引き出し、トランクなどにカギを備え付ければ、自閉症のきょうだいに壊される心配もなくそこに大切なものをしまっておくことができます。もし、自閉症のお子さんがきょうだいの持ち物を実際に壊してしまったなら、あなたはきょうだいの怒りや悲しみ、失望に対して共感を持って応じるべきです。そのためには、きょうだいの嘆きに耳を傾け、その気持ちを理解しているということを伝えればいいのです。しかしながら、これで終わりにすべきではありません。もし可能であるなら、壊されたものをもとに戻すべきです。自閉症のお子さんもまた、可能な範囲でその破壊に対する責任を引き受け、どのようにしてもっと責任感を持つのか教わるべきです。例えば、自閉症のお子さんは、自分の部屋で1人で時間を過ごし（タイムアウト；訳者注：行動療法の手法で、対象者が不適切な行動をとった場合、一定の時間、個室などの、その場から離れた空間に対象者を連れて行って、不適切な行動を引き起こしていたり、それを強めたりしている刺激から引き離してあげる方法。そのことによって、不適切な行動を減らすことを目的とする）、自分が散ら

かした兄弟の部屋を片付けなければならないかもしれません。具体的な責任は，そのお子さんの能力のレベルに応じて変わるでしょう。同様に，もし自閉症のお子さんがきょうだいの活動のじゃまをするのであれば，あなたは，きょうだい児に，それぞれ別の遊び空間を与えるか，あるいは自閉症のお子さんが違う活動をして過ごせるよう教えてあげるべきでしょう。

みんなが家族に貢献する

　私はこの本の中で，こどもたちが自閉症のきょうだいのために過剰な責任を担わされた親代わりになることから守ることにたくさん焦点を当ててきました。きょうだいは自閉症のお子さんのためにおとなのようなしつけの役をしたり，放課後や週末にかかりきりでお守りの責任を負うべきではありません。きょうだいは，軽く叱ったり（例えば，"紙をちぎるのをやめて"），あるいは代わりの遊びを促してもよいでしょう（例えば，"パズルで遊んで"）。しかし，彼らに対して，自閉症のお子さんをタイムアウトしたり，ちらかしたものを片付けさせることまでを期待してはいけません。そして，また，自閉症のお子さんの幸せについて意志決定する責任を負うべきではありません。

　しかし，こどもたちがおとなとしての役割を和らげてもらうべきであるとはいえ，彼らは家族の一員であり，彼ら自身の責任を果たすべきでもあります。幼いこどもたちでも食器洗い機に皿を入れるようなちょっとした手伝いはできます。年上のこどもたちには，テーブルをきれいにしたり，食器洗い機を動かしたり，きれいになった皿を片付けるなど，とても役立ってもらえます。また，自閉症のきょうだいと1日のうちの少しだけ一緒に過ごしてもらうこともできます。もし，思春期のきょうだいが，難なく自閉症児の面倒をみ

ることができるようであれば，夕刻や週末に子守りをしてもらえます。

　自閉症のお子さんもまた，幼少期に家族のお手伝いができるようにならなければいけません。これは，夕食後，プラスチックのカップをカウンターに置いたり，テーブルをきれいにしたり，洗濯物をたたんだり，芝生を刈ったりなど徐々に広がっていきます。他のきょうだいのように，自閉症のお子さんはおとなになった時にこれらの能力が必要でしょうし，それを身につけるにつれて家族全体に貢献できるようになるでしょう。きょうだいもまた，自閉症のお子さんがお手伝いをしてくれるなら，腹が立つことも減りそうです。

資源を利用する

　おそらくこの章をずっと読みながら，私が述べた全てのことがいったいできるのかどうか不思議に思ってこられたでしょう。お子さんとともに，また，ご主人や奥さんとともに，あるいは，あなた自身のために時間を過ごすためには，手品が必要です。親御さんは，自分自身でいつもこれらのニーズを満たすことはできないし，ひとり親であったり，多くのこどもさんを持つ親御さんの場合，援助がない限り，困ってしまわれるでしょう。

　自閉症児の親御さんは，お子さんが特別の支援を受けることができるあらゆる資源に頼るべきです。手を貸してくれる身内がいれば，家庭に近い所から始めます。叔母さん，あるいは，叔父さん，おじいちゃん，おばあちゃん，あるいは，いとこたちは各週，各月の予定する時間にこどもたちの1人，あるいは何人かと一緒にいてくれるでしょう。時々，友だちあるいは隣人が同じことをしてくれるでしょう。教会や礼拝堂で出会う人たちの中にも，喜んでお子さんのお世話を手助けして下さる方がおられるかもしれません。これらの

ベビーシッターには、あなたが出かける時に気負わなくてもすむように、あなたが一緒にいる時にお子さんを知るための機会を作ってあげる必要があるでしょう。私が知っている多くの親御さんは、自分たちが家にいる時に、数時間の間、お子さんの世話をしてもらうためにベビーシッターを招きます。これは、親御さん自身がベビーシッターを見る機会になるし、ベビーシッターはお子さんとの関わり方を練習できるのです。

他の自閉症児の親御さんは、とりわけ役立つ資源となるでしょう。あなたは1日、あるいは週末にこどもたちを交換できるし、あなたのお子さんを本当に理解する人になら、お子さんを任せられることがわかるでしょう。これらの家族は、じょうずに"お子さんを扱える"家庭を持っているでしょう。あなたがお子さんを預かる時は、この方法は大変なこともあるかもしれませんが、逆の時は、すばらしい時間になりますよ！

あなたの心の平安は危うい状態です。だから他人に手を貸してくれるよう頼むことを恥ずかしがらないで下さい。人は互いに助け合う時、そのことで満足を感じますし、広い地域感や所属感を培う手助けになります。私は多くの西洋文化の人々によってとても大切にされる自己有能感や強い個人主義の考えは、極端になると、地域社会の一員であるという気持ちに必要不可欠な社会的連携の感覚の土台を崩す傾向があると思っています。私たちがお互いに許し合う時にこそ、地域社会を築くことができ、それは共通の幸せにつながるのです。だからこそ、家族や友だちに手を貸してくれるように頼むことは、家族の幸せを高めるだけでなく、地域社会全体にとってよいことなのです！

心理学者は家族や友人をインフォーマルな支援ネットワークとみなします。あなたが支援を求めるためにネットワークで求めに応じてくれる人々が増えれば増えるほど、あなたの生活はより良くなる

でしょう。このインフォーマルなネットワークを作ることは大切です。多くの支援の手があると，あなたの悲しみや孤独による傷つきを和らげてくれます。1人2人というよりむしろ何人かの支援者がいる方がよいでしょう。なぜなら，援助が必要な時，いつも求めに応じてくれる誰かがいるだろうというチャンスが増えるからで，誰も利用され過ぎて疲れ果ててしまわないのです。そのため，たとえ，あなたのお母さんがすべてをしてくれると言っても，他の人にも任せてください。同様に，広い社会的ネットワークによって，あなたの他のこどもたちのためにも支援をしてもらえるたくさんの人々を見つけることができるでしょう。

　公的な支援ネットワークを求めることも大切です。これらは自閉症の人々のためのサービスを提供する地域社会での専門的資源です。例えば，レスパイトサービスは家族全体の助けになります。家庭内でのレスパイトケアは，訓練をした人を家に呼んで，自閉症を持つお子さんのケアを提供します。家庭外でのレスパイトの場合，短い期間，レスパイトワーカー自身の家で預かってもらったり，短期訪問のために作られたグループホームで面倒を見てもらえます。例えば，親御さんが手術をしたり，家族が家を出なければならない場合などには，お子さんを家庭外のレスパイトサービスで数日間預かってもらうことができます。このような援助は恥ずかしくて頼みにくいという方もいますが，必要なことは全て頼むべきだと私は思います。自閉症のお子さんを育てていく上で，より多くの援助を得られれば得られるほど，あなたはお子さんや家族，そしてあなた自身のために，より良い仕事ができるようになるでしょう。人々は絶えず疲れきっていると，休息をとることができた場合ほど良い育児は普通できないものです。あなたがレスパイトを提供する機関を探すのを，地域の自閉症協会支部が手助けしてくれるはずです。しばしば，これらのレスパイトサービスには国や政府から全額あるいは一部が

支払われますが、政府の機関に登録して支援を依頼することが必要となるでしょう。普通は、家族が緊急の状況にない限り、サービスを受けるのに順番を待つことになります。

　時々、家族のメンバーに援助をお願いするのは難しく感じることがあります。例えば、私は数年前に同僚とある調査を行ったのですが、それによると、おじいちゃんやおばあちゃんは、家族の中に自閉症のお子さんがいるということの深刻さを、過小評価する傾向にあるということがわかりました（Harris, Handleman & Palmer, 1985）。おそらく、普段はそのお子さんと一緒に暮らしていないために、お子さんのニーズを全て満たすことがどんなに大変か、おわかりにならないのかもしれません。また、自閉症児の親御さん自身も、どんなに物事が自分たちにとって難しいのかを、おじいちゃん、おばあちゃんに相談してこなかったのかもしれません。こどもたちがあなたに嫌な思いをさせたくないと願うのと同じように、あなたも、あなた自身のご両親に嫌な思いをさせないようにしているのかもしれませんね。しかしながら、私たちが関わってきたほとんどの親御さんは、おじいちゃん、おばあちゃんと自分たちの悩みについて分かち合った後には、おじいちゃん、おばあちゃんはかけがえのない援助者となってくれた、とおっしゃっています。

　友人や親戚に、あなたや家族のニーズについて率直に話すことができると、とても助けになります。もしも、感謝祭におばのルーシーが親戚全員を招いてくれたのに、その場の騒々しさや慌ただしさのためにあなたの4歳の自閉症のお子さんがものすごく動揺してしまったとしたら、ルーシーにそのことを話す必要があるでしょう。もしかすると、短時間おばの家に顔を出すだけですむかもしれませんし、他の人がパーティーに参加している間、数人が交代で息子さんと静かな部屋で遊んでくれるかもしれません。もしくは、数人の人だけを招いて自分の家で感謝祭を過ごし、おばさんの所へはもっ

と落ち着いた日に訪ねて行くほうがやりやすいかもしれません。あなたが言わない限り，あなたや息子さん，そして他の家族のメンバーが何を必要としているか，他の人々はわからないかもしれないのです。自閉症のお子さんのために居心地の良い環境を作っていくことで，同じように，確実に他のこどもたちも楽しめるようになっていけるはずです。

親支援グループ

親支援グループは，あなたが自閉症のお子さんや家族のニーズに応えられるように全体として手助けできます。これは，自分の気持ちや悩み事，うまい対応の仕方などを話し合える1つの機会です。どれだけ他の人があなたの経験を分かち合い，気持ちを理解してくれているかがわかれば，とても元気づけられます。他の人の解決策は，あなた自身の問題の解決策へとつながるかもしれません。時には，こどもたちみんなを連れて外に出かけたり，お子さんの世話を分担する時など，他の家族は確実な支援を提供してくれるかもしれないのです。

これらの支援グループでは，親御さんはたくさんのことについて話します。しばしば話し合いの話題がきょうだいのニーズに及ぶことがあります。親御さんは，他のこどもたちにあまり手をかけられないことへの"罪悪感"や，小さいお子さんに自閉症についてどう伝えたらよいかという悩みや，もう1人自閉症のお子さんを産むのではないかという不安感などを，伝え合うかもしれません。もしあなたが，自分の気持ちを見つめ，あなたの経験を理解してくれる他の人からの精神的なサポートを得るために話し合いの場を探しておられるのなら，このようなグループに賭けてみてもきっと損はしませんよ。自閉症児のいる学校には，親支援グループを提供しているところもありますし，地域の自閉症協会支部もまた，このような支

援を探すのを手助けしてくれるかもしれません。

きょうだい支援グループ

　支援グループは，親御さんに限ったことではありません。きょうだいにとってもそういった経験には同じように価値があります。きょうだい児グループでは，自閉症のきょうだいを避ける生徒たちへの怒りや，自閉症の"遺伝"への不安，嫉妬，両親の注意を引くために競争しなければならないことへの憤りなど，それらの気持ちについて話し合う機会が与えられます。時には，家族のいないところの方がこのような気持ちを声に出しやすく，この不快な気持ちを当然のものとして受け入れることを，他のこどもたちが手助けしてくれます。

　参加者が議題を設定する親支援グループとは違って，きょうだい児グループでは，数週間にわたる一連のプランが用意されています。これらのグループは，7歳から12歳のわりと近い年齢のこどもたち6人くらいで構成されています。セッションは，グループ活動やグループディスカッション，おやつの時間などを組み合わせたものです。ここでこどもたちは，グループを作って，発達における個人差の概念を理解していったり，おとなのリーダーに自閉症についていろいろ尋ねて，重要質問リストを書き取ってもらったり，彼らのきょうだいへの気持ちについて語り合ったりします。心理学者のデブラ・ロバトの，きょうだい児グループに関する本（Lobato, 1990）に書いてあるいくつかの活動が，こどもたちの話し合いを促すためにとても役立つことがわかってきました。

　第一セッションではいつも，グループの計画を話し合って信頼の基盤を築くために，簡単なミーティングが親御さんとこどもたち一緒に行われます。最後のミーティングでは，再び親御さんが参加するセッションが含まれています。話し合いの一部として，グループ

のリーダーは，親御さんにぜひ知ってほしいとこどもたちが挙げた項目を見直します。これによって，こどもたちはグループ全体で関心事を分かちあうことができますし，親御さんは，できたら家で取り上げたいと思っている話題について考えることができます。それぞれのグループの中身はこどもたちの年齢とともに変化するでしょうが，こうした活動はかなり役立つものになりえます。あなたのお子さんの担任の先生，あるいは，地域の自閉症協会支部はあなたがきょうだいのサポートグループを見つけるのに役立つかもしれません。それが学校心理士や臨床心理士，ソーシャルワーカーといった適切な資格を持った人によって運営されていることを確認しましょう。

おわりに

　家族で生活するということは，最も難しいことの1つです。満たされるべきかなり多くのニーズがあるにもかかわらず，それを満たすための時間はほとんどないのです。自閉症は，家族のストレスの唯一の源ではないのですが，自閉症児がいることで，家族生活への負担が大きくなってしまうのでしょう。なぜなら，その子の能力に応じて，とても多くの特別の支援を必要とするからです。それらの負担によって引き起こされるストレスは，どの家族のメンバーに対しても，不安，緊張，ねたみ，その他の痛みを伴う感情の生じる原因となりえます。

　家族生活の多くのニーズに応じることや，それぞれの家族のメンバーが満たされた生活を送っていけるように手助けすることは，ある意味，あなたの周りのサポート源に頼ることができるかどうか次第かもしれません。家族や友人や専門家たちに，あなたの家族がのびのびできるようになるために，彼らができることを提供してもら

えるよう求めることはとても賢明です。もし、あなたが、ひとり親、あるいは実家から遠く離れてお子さんを育てているご夫婦である場合には、地域の友人に助けを求めるという特別な努力をする必要があるかもしれません。あなたがより多くの支援者を持てば持つほど、より良くなるのです。

家族生活とは大変なことが多いものですが、幸運にも、一方で、おおいに得るものもあります。そして、あなたのこどもたちは、自閉症のお子さんを含んだ家族の一員であったがゆえに、より豊かなおとなになっていくでしょう。

親御さんの話

マットが、ぼーっとしているのではなく、いつも何かの活動をさせてやりたいと思い、私たちは、彼に自立するように、そして、家事の役割を持つように励ましてきました。彼は料理すること、テーブルに皿を並べること、皿洗い機に食器を入れること、ゴミを出すことなどができます。また、ぬり絵、読書、美術や工芸、そして父親がペンキを塗ったり、道具を使っていろいろな日曜大工に取り組んだりするのを手伝うことに興味を持ってきました。

私は時々、すごく活発だったよちよち歩きのころを思い出します。今日私が見ているのは、ほとんどの時間を建設的に忙しく過ごし、そのようであることをうれしく思っている8歳の男の子です。そうしてくれることで、私は自分の娘により多くの時間をさくことができ、たいていは、よりリラックスした状態で幸せな家族生活を送ることができます。

マットの生活を方向付けてやりながら、私たちは何とか自分たちの生活をコントロールしていました。現在、私が私自身のためにいくらかの時間をとる場合、それは、絶望的なほどのニーズを感じているためにではなく、より多くの健全な望みを持っているために、そうしようとして

いるのだと私は思います。

* * *

　私は，家族内でのいろんなことをバランスよく，うまくやっていけるエキスパートではないとわかっています。私は世間並みの仕事をしたいと思っていますが，時々あまり自信がありません。不幸にも，自閉症のこどもの親は，こうした環境に対処するために特別な恩恵を与えられていません。私たちはとても並はずれた状況の中にいる，全く普通の人々に過ぎないのです。

　私は他のニーズを満たそうとすれば，人生の一部を犠牲にしなければならないと実感しています。私の場合では，私はトミーの問題が始まってから，家の外で働いたことが1度もありません。ある人々には，そうすることができるのかもしれませんが，私はいつも，同時に両方に対して全ての力を注ぐことができないと感じていました。

* * *

　最初は，私には大変でしたが，ついに他の人々に助けを求め始めました。私たちは地域の機関にレスパイト・ケアを求めました。私たちは月に20時間を得て，それは私たちの全てに大きな違いを生み出しました。夫と私は，少なくとも1週間に1度，必ず一緒に外へ出かけます。たとえそれが，ただ映画を見に行くだけであってもです。

　私にとって最も大変なことの1つは，私の家族に，私が彼らからのより多くの助けを必要としているのだとわかってもらうことでした。いったん私が母に助けを求めたら，すばらしい助けとなりました。母は，私がいつも全てのことを自分でコントロールしようとしているように思えて，口出ししたくなかったと言いました。いったん私が助けてもらえたらなと母に話したら，彼女は，それはすばらしい人となってくれました。

* * *

　息子の自閉症について，私にとって最もつらいことの1つは，私の家族の反応でした。私の両親はディックが自閉症だと聞いた時，ただその場からいなくなってしまいました。1度だって子守りをしようと言ってくれたことはありません。私の義理の姉は，家族パーティーを開き，他のこどもたち全てを招待したのに，私にディックを家に置いてくるよう

に言ってきました。そうしたことが，本当に，グサッと胸にこたえます。それで，私は私の家族のほとんどに会っていませんが，そのことでもすごく心を痛めています。私たちが，とても助けになる家族を持っている人もどれほどいるかということについて親のサポートグループで話す時，私はただ繰り返して泣きたくなるのです。

　夫と私は，他の自閉症を持つこどもたちの親御さんと協力して，一緒に物事を行おうと努力してきました。お互いを助け合える新しい家族を作りましょう。それは私の母がしたような冷たい仕打ちではなく，世話をしてくれる友人を見つけさせてくれるものなのです。

*　*　*

　息子が13歳だったとき，私たちと人前に立つのを見られたくないという時期がありました。ショッピングセンターに行った時，息子は私の12歩ほど後ろを歩いていたものでした。それは，自分が私といるのを人に見られないようにするためであったり，"かっこわるい"と思われないようにするためです。私はその気持ちを理解できます。私自身も，若い時それを体験しました。私にとって難しいことは，彼が特に，自閉症の妹と一緒にいるのを見られたくないと思っていることです。娘は床に倒れ込んだり，買い物の合間にかんしゃくを起こしたりなどかなり手におえないところがあります。私はこどもに私たちと一緒にいるように強く言うべきだったかは定かではありませんが，もし，息子にそれを強いていたら，結果的には，問題はもっと大きくなっていただろうと思います。息子は，家では妹にとってよい存在でした。森にハイキングに行ったりした時や，プライベートな場では，妹の世話をよくしたものでした。しかし，50ヤード以内に別の若者がいたりすると話は別です。このような時期は彼が15歳になるまで続きました。そして今は，息子は私たちに対しても，妹に対しても，とても穏やかな気持ちであるように見えます。振り返ってみると，母親や私がそれを強要しなかったことが良かったと思うし，息子が気楽にいられるのに十分なほどの家族だけのプライベートな時間を今でも見つけようとしていることをうれしく思います。少年から青年に成長することはつらい道のりのようです。

* * *

　7歳の自閉症の娘は，先日，兄の大好きなおもちゃの1つを壊しました。息子はとても怒って，妹を叱ってと私に頼みました。初め，私は，そんなことは，何のためにもならないと思っていました。しかし，その後，娘が何も学べなかったとしても，息子が，私は息子の味方であると感じ，そのことで息子の気分が良くなるのではないかと考えました。だから私は彼女を，自分の部屋に行かせました。

Chapter 5

遊びとこどもたち
一緒に遊ぶのを手助けしましょう

ローレル家

　九歳のローナ・ローレルは毎日生き生きと生活していました。彼女は泳ぎが上手であることがうれしかったし，近所の静かな通りを自転車で走るのを許してもらっていることをとても得意げにしていましたし，通りの突き当たりにある空き地で友だちとサッカーをすることが大好きでした。彼女はたくさんの友だちにとても好かれていました。けれども，お家となると，彼女はそれとはころっと違ったこどもになってしまうのでした。弟のニックが自分の部屋に入ってこないようにドアを閉めて，こっそりと遊んでいました。ローナにはプライバシーを守るための良い理由がありました。ニックはローナが図工の授業で作った粘土のつぼを床に気まぐれに投げ捨てて割ったり，床の上で組み立て途中だったパズルをバラバラにするなどすぐに物を壊すのでした。ローナが一緒に遊ぼうと弟に近づくと，ニックはローナを無視したり，押しとばしたりしてしまいました。ニックは，6ヶ月前に，自閉症と診断されました。家での彼の行動は，今受けている教育が良いおかげで，だんだんよくなりつつありますが，姉のローナは未だに用心しているし，弟がかんしゃくを起こしたり，自分を無視しているように見えることを恐がっています。

　ある夜，ローレル夫人がローナをベッドに寝かしつけていた時，夫人は小さなローナにニックとの遊び方を教わりたいか尋ねてみま

した。ローレル夫人はニックがローナのおもちゃを壊したり、一緒に遊んでくれないことで、どんなにつらい思いをしているかわかっていると伝えました。その日、ローレル夫人はニックの幼稚園から、きょうだい児に自閉症児との遊び方を教えるという新しいプロジェクトがあるとの手紙をもらい、ローナがそのプログラムに参加したいのではないかと考えました。ローナはかなりうきうきして、母親にすぐに電話をしてくれるように頼みました。ローレル夫人は、今はもう夜だから幼稚園は閉まっていること、けれど、朝になったら電話をかけて、ローナがきょうだい児のためのプロジェクトについてとても知りたがっていることを話してあげると約束しました。

ニックの幼稚園の先生であるテッド・ケリーはローナが弟とうまく遊ぶことに興味を持っていると聞き、とても喜びました。彼は、ニックが幼稚園で簡単な遊びをたくさん教わっているということや、家でもニックが遊ぶのをローナが手伝ってあげたいと思っているのなら、それはすばらしいことであると言いました。彼は家に行き、ローナとローレル夫妻にどのようにしてニックが遊ぶのを手伝ったらよいかを教えるつもりだと話しました。

ローナはテッドや弟と遊ぶ時間にわくわくしていました。彼女は自分が、このとても大切な時間の中心的な存在であることがわかっていたし、弟がすばらしい遊び相手になるように手助けしようと心に決めました。テッドは、ニックがすでにやり方はわかっているとても簡単な活動から始めることを提案しました。そのためには、ローナは、ニックが幼稚園の友だちとやっているのと同じようにゲームをするんだということをニックに教えてあげなければならないと伝えました。テッドはローナにいくつかの基本的な教え方を示し、両親は自分たちが、後で彼女に教えてやれるようにそれを見ていました。彼女は何かをニックにお願いするときに彼が自分に注意を向けていることを確かめる方法や、やり方のお手本をニックに見せたり、正しくできたときに彼をほめてあげるという方法を学んでいきました。お父さんとお母さんは、ローナを励ましながら腕前をあげていくのを助けていたので、ローナは急速に、ニックと遊ぶのに必

要な基本的な活動を身につけていきました。

　ローナは今でも時間のほとんどを友だちと遊ぶのに費やしていますが，今では毎日幾分かは弟ニックと遊ぶ時間を楽しんでいます。2人はキャッチボールやミニカーで遊んだり，動物の鳴きまねをしたりするとかいった単純なゲームで遊んでいます。時には，ニックが少々いたずらをすることがあったり，ローナが両親に助けを求めたりすることもあるでしょうが，たいていはニックは姉との時間を楽しみ，彼女の指示を注意深く聞いています。ニックはローナが遊びに誘うとワクワクしているし，ローナは自分がようやく弟の仲間になれたという喜びを感じて，輝いています。

はじめに

　ローナが弟と一緒に遊べないという欲求不満は，自閉症児のきょうだいにおいては特別なことではありません。彼女がいくつかの基本的な技能を学習して，ニックと簡単な遊びができるようになった時に感じた喜びもまた，特別なことではないのです。自閉症児の幼いきょうだいとの私自身の活動を通して，こどもたちの多くが自閉症のきょうだいと一緒に遊ぶのに必要な技能を学ぶことができるのをいくつも見てきました。最も大切なのは，この遊びはこどもたちのどちらにとっても楽しみになりうるということです。

　もし，あなたがお子さんのためにある種の遊びが適当かもしれないと考えておられるならば，この章の情報は役に立つかもしれません。自閉症児が遊びを覚えるのをきょうだいがどのように手助けするかについてわかっていることを簡単に述べます。また，きょうだいが'先生'になる時に起こる，いくつかの問題についても述べます。そして，同僚デイビット・セリベルティと一緒に開発した，きょうだいが遊び仲間になるために必要とする基本的な技能を学ぶための方法について述べます。遊びをどれだけ複雑なものにできるか

について考える際に、2人のお子さんの年齢、また（もしあれば）自閉症児の知的障害の程度は重要な要因になることは覚えておかなければなりません。

先生としてのこどもたち

　自閉症のお子さんと関わっていておわかりになるように、行動療法の基本的な原理は、有効な教育方法です。数十年間の研究によって、行動療法の手続きは、効果的な学習環境を作るのにとても洗練された方法になりました。ごほうびを用いること（正の強化）や、上手な教示方法、身体的、言語的な促し方（プロンプト）は、自閉症のお子さんが学ぶのを手助けするのに試みられた適切な方法の1つです。

　状況や相手にかかわらず、教え方や目標を一貫させることは、自閉症のこどもたちの学習を手助けするのにとても大切であることを研究は教えてもくれます。こうしたこどもたちは、人々の彼らへ期待する目標の中に高い一貫性があるときに、最も力を発揮できます。もし、先生がコミュニケーションを伸ばすのに、ほめことばや好きなおもちゃをごほうびにしているのに、お子さんのご両親が同じようにすべきだということを知らないと、お子さんが、家で話すようになるのは難しいでしょう。

　学校から家庭までの一貫性を確実にするためにご両親がこどもたちの教育におけるパートナーにならなくてはならないことに気がついたのは、専門家たちが行動療法の技法を用い始めてまもなくでした（Lovaas, Koegel, Simmons, & Long, 1973）。ご両親と一緒に取り組めないということは、自閉症のこどもたちが、学校だけでなく、家庭や地域でも学習した技能を広く用いることができないということをしばしば意味します。行動療法の技能をご両親に教えることの

重要性は，自閉症のこどもたちの療育をすすめる際に，基本的な前提になります。お子さんに一貫した家庭学習環境を用意してあげられるご両親が，お子さんの発達に貴重な貢献をすることができるのは明らかです (Harris, 1983)。

　先生としての役割を両親が与えられた時，きょうだいが行動療法的指導技能を学んだり，用いたりできるだろうかと疑問に思う方がおられるのは，驚くことではありません。その質問への答えは"イエス"です。こどもたちは，おとながするように，基本的な行動療法の技能を学んで使うことができます (例： Colletti & Harris, 1977)。けれども，これはあまり役立つ答ではありません。なぜなら，その質問は本当はもっと複雑だからです。こどもたちに公平であるために，きょうだいに"教える"責任のどんなことが年齢に基づかねばならないかを考える必要があります。ここでは成熟ということが重要な要素になります。私たちが8歳児に期待することは，15歳児に期待することと明らかに違うし，どちらのお子さんに期待することも，おとなへのものとは異なるのです。

　きょうだいが自閉症児のために先生になることは，特にきょうだいが小さい時に，適切なことでしょうか？　彼等は自閉症のお子さんと1日に1時間も2時間も一緒に過ごすことを期待されるべきなのでしょうか？　あなたはお子さんにあまりに多くの負担をかけることを心配されるかもしれません。こどもたちはこどもであることを許されるべきで，両親や先生の義務を請け負うべきでないと主張されるかもしれません。私は，このご心配はわかります。こどもたちはおとなではないし，おとなの責任を負うべきでないことに賛成です。その点で意見が一致すると，今度は次の疑問が出てきます。もし，自閉症のきょうだいが破壊的な行動をコントロールすることを学んだり，身の回りの世話や，お話することやお勉強的なことを身に付けたりするのを手伝う仕事をこどもたちが負うべきでなかっ

たら、きょうだいの関係において、遊ぶことは今なお意味ある役割としてあるのでしょうか？　私はあると思います。

　年上の前青年期か青年期のきょうだいのための練習方法として、心理学者のブルース・ベイカー（Baker, 1989）は、興味深いやり方を示しています。ベイカーはこのようなこどもたちに、きょうだいの障害についての基本的な情報を与え、経験を分かち合うことを励まし、基本的な行動療法の技能に触れさせます。しかし、ベイカーは、知的障害を持つきょうだいに教える責任を持つようにとは強制しません。自分のトレーニングプログラムを完了したこどもたちは、トレーニングする前よりも知的障害を持つきょうだいとも多くの時間を過ごしているし、彼らの交流の質は良くなっている、とベイカーは報告しています。したがって、年上のお子さんにとって、修正版"先生としてのきょうだい"の役割は、おそらく有効だと思われます。

　あなたの10代のお子さんは、妹のチューターとして1日30分間過ごすことを幸せに思っているでしょう。自閉症のきょうだいに意味ある生活技能を教えるという生き生きとして創造的な役割をとっている高校生の若者を、私は知っています。例えば、ある若者は13歳の妹に、洋服のコーディネートの仕方を教えていました。別の若者は、自閉症の弟にバスケットボールのシュートの仕方を教えようと決意して、自ら楽しい計画を実施することを引き受けました。どちらの場合も、若者自身によって始められ、ご両親から出てきたものではありませんでした。

　ベイカー（Baker, 1989）によるアプローチは、もっと年下のこどもたちには適していないかもしれません。年下のこどもたちには、もっと良いアプローチがあります。デイビット・セリベルティと私が自閉症のきょうだいと一緒にした活動は、自閉症のお子さんと健常のきょうだいのどちらもが、もっと良いきょうだいになるのをお

手伝いしたいという切望から生じました (Celiberti & Harris, 1993)。私たちは健常児を,両親の助手という役割に位置づけたくなかったのです。目標を達成するために,私たちはこども時代の最も基本的活動の1つである,遊びに注目しました。自閉症児の年少のきょうだいは,簡単な行動療法的技能を使って,自閉症のきょうだいを遊びに引き込めるかなと,私たちは思っていました。この章の初めのニックとローナ・ローレルの場合のように,このような学びは,可能であるばかりでなく,どちらのお子さんにとっても多くは楽しいことであるのです。

遊びの技能を教えること

心理学者のデイビット・セリベルティは大掛かりな研究に取り組み,自閉症のきょうだいと遊ぶのに必要な技能を幼いこどもたちに教える方法を開発してきています (Celiberti, 1993 ; Celiberti & Harris, 1993)。研究の初期においては,セリベルティはきょうだい児たちと直接関わり,上手な遊びのほめ方や新しいゲームへの導入の仕方といった行動技能を教えました。より最近になると,彼は,こどもたちにこうした行動技能を教えるにはどうしたらよいかについて,両親を指導することに焦点を移しました。このアプローチにおいても,焦点はそのまま家族に置かれています。彼の研究は,両親が行動技能のよき指導者でありうることを示しています。少なくとも彼は,こどもたちは共に遊ぶことを楽しめる,という大切なことを見いだしました。研究の中で,セリベルティはお子さんに技能を教える方法を両親に示し,こどもたちの遊び方の中にみられる変化を測定しました。セリベルティは,訓練を受けた後では,訓練を受ける前と比べて,こどもたちがよりうまい遊び相手となり,自閉症のきょうだいと一緒にいることを楽しんだということを見いだし

ました。

　セリベルティは，遊び相手になる方法をお子さんに教える際には，健常児が技能を学びたいと思うことが大切で，そのことについてプレッシャーを与えないことが重要であることを明らかにしました。彼は訓練を受けることがお子さんの望みであることを確認するため，事前にそれぞれのきょうだい児と個人的に面接しました。数名のこどもたちはプロジェクトに参加したくないと考えていました（参加しないことを決めました）。みなさんは，自分のお子さんの動機に関して，こうした評価をする必要があるでしょう。こうした技能を学ぶことに乗り気でないきょうだい児たちには無理強いをすべきではありません。そうではなく，お子さんが気乗りしない理由を探し，問題を解決するように努めて下さい。例えば，お子さんは時間をとられることが嫌なのかもしれないし，お姉さんを怖がっているのかもしれません。あるいは，自分には技能を身につけることができないのではないかと心配していたり，怒りや嫉妬の感情を抱いているのかもしれません。あなたはお子さんが訓練に対して興味を示している場合に限ってこれを行い，お子さんがやめたいと感じたときにはやめるべきです。

　こどもたちに一緒に遊ぶ方法を教えることができるようになる前に，あなた自身が行動療法の基礎を理解していることが必要です。きわめて単純にいうならば，知らないことを教えることはできない！ということになります。あなたが知っておくべき技能には，明快で単純な教示の与え方や，よい行いのほめ方，そしてお子さんが応答するための促しを必要としているときに手を貸す方法が含まれます。もしあなたが数年前に受けた訓練について思い出したいと思うのであれば，最適な本がいくつかあります。例えば，『発達障害児の指導法』(Lovaas, 1981) と『自立へのステップ』(Baker & Brightman, 1989) は，どちらも，親御さん方がとても役立つと教

えてくれた本です。あなたはこうした行動療法的テクニックを指すものとして，行動変容とか，応用行動分析といった違う名称を耳にするかもしれません。しかしながら，これらの用語は全て，本質的には同じ指導方法を意味しています。

もし，あなたが行動療法的技能の訓練を全く受けたことがないのであれば，こどもたちにこうした技能を教えようとする前に親御さん向けの訓練の場を探したいと思われるかもしれません。もし，あなたが行動療法の基本を理解されているのであれば，私がこの章で示す簡単なまとめは役立つかもしれません。しかしながら，もし，あなたがまだこの手続きの本質を理解していないのであれば，このまとめはあなたを行動療法の熟練者にするのには十分ではありません。ついでながら，もしもあなたが今までに一度も親御さん向けの訓練を受けたことがないのであれば，あなたはそうした訓練がさまざまな目的において有効であるとわかるでしょうし，適任者からそのような訓練を受けることに最善を尽くすべきです。行動変容に長けた心理学者や，自閉症者と働いた経験を持つ教育者は，たいていこの種のトレーニングを受けています。お子さんの学校や地域の自閉症協会支部がこうした人物を見つけるのに力を貸してくれるかもしれません。

健常のお子さんに自閉症のきょうだいのよい先生あるいは遊び相手になる方法を教えるために，あなたは3つの段階に従うべきです。1つ目に，ゆっくりと進む，毎日少しずつ行う，ほめることを惜しまない，そして自分自身に自信を持つ，ということを心に留めておくことです。2つ目に，教える場を作ること。3つ目に以下の3つの基本的技能を教えることです。

    a) 指示を与える

    b) よい行為をほめる

    c) 新たな力を促す

準備をする

指導に入る前に，あなたはお子さん同士の遊びのために準備をすべきです。その1つは，カラフルで，魅力的で，双方のお子さんが興味を示すようなおもちゃを選ぶことです。相互の関わりを促すおもちゃ，例えば，2人のお子さんの間で投げたり転がしたりすることのできるソフトボールや，おもちゃのトラックや車，おもちゃの飛行場，車庫，お医者さんごっこキットなど，これらは全てこどもたちが一緒になって遊ぶのに向いています。これに対して，クレヨンやはさみ，本などは容易にこどもたちを引き離しますので，相互の関わりをさほど必要としない並行遊びに向いています。あなたが作り上げようとしている指導の時間にあわせて，こどもたち相互の関わりを促しそうなおもちゃを選んでください。

最初は，自閉症のお子さんがすでに理解している活動を選ぶのがよいと思います。もし，自閉症のお子さんがある特定のおもちゃを使った遊び方を知っているかどうか定かでないのであれば，あなた自身が遊んであげる中で確かめて下さい。この章の冒頭でローナ・ローレルとニックのケースにみたように，もし自閉症のお子さんがおもちゃの扱い方を知っているのであれば，先生役のきょうだいが指導技能を身につけるのはより容易になります。後になって，お子さんは自閉症のきょうだいに新しい活動を教えようと決心するかもしれませんが，初めは成功する見込みの高いものにこだわるべきです。

おもちゃは相互の関わりを促せるだけではなく，年齢にもふさわしいものにすべきです。両方のお子さんの発達レベルに目を向けて，おもちゃと活動を選んでください。ゲームは，どちらのお子さんの技能レベルをも超えるべきではありません。例えば，お姉ちゃんが，自閉症児を関わらせる"ものまねごっこ"パターンを考えることができます。彼女はおもちゃの家で遊ぶために人形とプラスチック

の食べ物の道具を使うかもしれないし，人形に食べ物を与える役割を弟くんに割り当てるかもしれません。もし，それが難しすぎるなら，彼と一緒に車を押したり，ボールを転がすことができます。同様に，もし健常児が6歳やそれより幼かったら，ごっこ遊びは難しいかもしれないので，こどもたちは，ボールを転がしたり，車を押したり，パズルをするなどのような，より具体的な遊びにするでしょう。また，自閉症児の知能レベルも心にとどめておいて下さい。もし彼女が正常の知能であれば，知的障害を持つよりも，複雑な技能を身につけることができるでしょう。知的障害児はゲームをするために必要なルールや，活動に不可欠な色や数によって分けるような概念は難しいでしょう。お子さんの良好な運動能力もまた考慮されるべきであり，道具はすぐに操作できるものが選ばれるべきです。

13歳の自閉症児には，私が実際に書いてきた種の遊びでは幼すぎます。この年齢のお子さんが目を向けるのは，テレビゲームやボール遊びあるいは10代後半のこどもたちが好むようなダンス練習などです。青年期には，運動器具を使ったり，ジョギングをしたり，ボーリングに行くことを学べます。私は，この章で，もっと幼いこどもたちのための材料を示していますが，同じ行動療法的テクニックは，これらの年長の10代のこどもたちの活動にも応用できます。しかしながら，もし健常児が自閉症児よりとても幼いならば，活動は幼いお子さんのために十分にやさしいものにしなくてはいけません。活動は難しすぎるより，やさしすぎるほうがよいのです。お子さんの担任の先生はおそらく適したゲームや活動についての豊富な情報を持っておられるでしょうし，道具をどこで買ったらよいかを教えてくれることさえあるかもしれません。

初めは，遊びの時間は短く，おそらく1日に1度か2度，10分か15分を計画するべきです。それは教えることを目的としているからで，こどもたちの自分たちだけでの遊びではまだないので，こ

れらのセッションの間,あなたは,一緒にいるべきです。後に,こどもたちが一緒に遊ぶことを楽しむにつれて,彼らは自ら互いを求め合うようになるでしょうし,より長い時間遊ぶようになるかもしれません。しかしながら,お子さんが,自閉症児のきょうだいとの遊び方を最初に学んでいる間は,その経験は報酬となるような楽しいものではないかもしれませんので,両方のお子さんの興味を維持するには,時間を短くするべきです。

必要な特別な技能をお子さんに教えるために,最初に,あなた自身が行動のモデルを示してあげるべきです。例えば,もし,あなたが息子さんに妹さんの注意の引き方を教えているのであれば,いろいろなおもちゃの間に娘さんと一緒に座って,あなたが何か指示を与えた時に,娘さんがあなたに実際に関心を向け,あなたを見ているかどうかをどうしたら確かめられるか,からレッスンを始めて下さい。あなたと娘さんとの相互的な遊びの中で,数分間これをデモンストレーションした後,息子さんにそうした技能を練習する機会を与え,あなたが見せたようにできた時には,惜しみないほめことばを与えてあげて下さい。

横から教えてあげる時,上達するためにたくさんのフィードバックと優しい指示を与えてください。例えば,"ドナにあなたを見させた方法はすばらしかったわ。あなたが彼女に話しかけた時,ドナがあなたの方を振り向いたことを忘れないでね。"と言ってあげられるでしょう。それは,これらの基本的な技能を教える時に,しばしば用いられる,きょうだい児を励ますためのおとなの教師のほめ方です。なぜなら,自閉症児は,まだ,全く反応しないかもしれないし,遊び仲間として,全くおもしろくないかもしれないからです(Celiberti, 1993)。だから,惜しみなく,明確にほめて下さい。あなたを喜ばせることをしたことをお子さんに語り,あなたの喜びを伝えることをなんとかしてことばにして下さい。

お子さんに対し，指導技能のモデルを示す時に，あなたは適切と考えられるあらゆる指導方法を含めたいと思うでしょう。しかし，あなたは，1度に1つの技能に焦点を当てているはずです。もし，あなたが息子さんによい指示の与えかたを教えておられるのなら，あなたの指示への妹さんの反応をほめてあげることもあるでしょうが，この技能を強調することを忘れないで下さい。1度に1つのことにスポットライトを当ててください。彼が最初の技能を身につけたら，次に移って下さい。彼はあなたを見るだけで他の技能のいくつかを身につけ始めるかもしれませんが，あなた自身は1つの活動に焦点を当て続けて下さい。

1つの大切な注意事項：自閉症のきょうだいのかんしゃくや攻撃的な行動，また，他の破壊的な行動に対して，小さなこどもたちにうまく対応するよう期待すべきではありません。このようなことが起きた時に介入できるように心構えをしておきましょう。お子さんが遊びセッションの中で安心だと感じることがとても重要なのです。自閉症のお子さんが，きょうだいがどのようにしたら良い先生／遊び仲間になれるかを初めて学んでいる間に，混乱して，めちゃくちゃな行動をしてしまうこともあるかもしれません。あなたがこれらの行動を上手にコントロールしていかなければならないのです。

明確な指示を与えること

良い先生になるには，上手な指示の与え方を知っていることも必要です。これらの指示ははっきりしていてシンプルなものがよいでしょう。また，自閉症のお子さんが答えることができるほど十分にゆっくりしたペースで話されるべきです。先生役となるきょうだい児は，同じ指示を何度も繰り返して言わないことが大切であることを知る必要があります。何かしてもらうように自閉症のきょうだいにお願いしてみるとよいのですが，5秒以内にそれに応じようとし

なければ，それをしてもらうようにからだやことばを使って促してみましょう。指示を繰り返すだけになってはいけません。この種の"お小言"は，あまり役立ちません。実際，自閉症のこどもたちは，その指示に従うことよりもむしろ無視するようになることが多いのです。例えば，お兄ちゃんが妹さんに"ウシの鳴きまねをして"と頼んだのに妹さんがしなかった場合には，お兄ちゃんはやさしい口調で"モー"と言ってみると良いでしょうし，妹さんがそれをまねしたらほめてあげるとよいのです。

　指示を与えることをあなたのお子さんに教える初めの段階は，相手の注意を確実に向けさせることです。自閉症のお子さんは，息子さんが何かの指示を与えたときには，息子さんを見ているか，そのときの遊びの道具に注意を向けていなければなりません。注意を向けていないお子さんは，指示に従うことができません。

　指示は，特に自閉症児のためには，明確で，簡単なものでなければなりません。表3に，明確で応じやすい良い指示の例を挙げてあります。"それを向こうに置いてそれから他のものを取って私のところに持って来なさい"というような，複雑で多くの指示を含むことは避けましょう。同じ指示でも，"その車を床に置いて"と言うほうがよいでしょう。それから彼らがそうするのを待って，"車庫から車を取って"と言い，彼らがそうしたら"その車を持ってきてちょうだい"と言います。わかりやすく特定のことばを指示の中で使って，ゆっくりとしたペースで話すことで，お子さんはより応じやすくなるのです。ことばを理解して記憶ができるお子さんには，同時にいろいろな指示をすることがあります。例えば，あなたのお子さんの場合，"その車を車庫から出して私のとこまで押してきて"と言えるかもしれませんね。

　もし，お子さんがどうやって上手な指示を出したらいいか悩んでいたら，"何をするのか言ってみよう (Tell Me What to Do)"で

表3 効果的に指示を与えること

1. トラックに人形をのせて
2. ボールを私に投げて
3. ウシさんにモーと鳴かせて
4. 車庫に車を入れて
5. 人形をちょうだい
6. 人形にミルクをあげて
7. ネコさんの泣きまねをして
8. イスを動かすのを手伝って
9. たいこの上に手を置いて
10. シャボン玉を吹いて

遊ぶなど，一緒に考える時間を作ってあげましょう。このゲームは"サイモンが言うよ"(Simon Says；訳者注：例えば，司会者が"サイモンが言うよ。頭を触って！"と言ったら，そのとおりにしなければならないが，"サイモンが言うよ"と言わずに，"頭を触わって"と言われたときに，そのままやってしまうと，罰ゲームになるというゲーム）と同じようなもので，初めにあなたが彼に指示を与えてそれから彼があなたに指示します。お互いに，わかりやすい指示をしたり，時には，この勉強が楽しくなるようにばかげた指示をしたりすることができます。"そのボウルを頭にかぶってください"や"手袋を足に履いてください"などです。あなたが遊ぶ時には，はっきりしてわかりやすかったことをほめたりして，お子さんの指示についてフィードバックしてあげましょう。例えば，"上手にできたね，何をしたらいいのかちゃんと言ってくれたね"や，"どこに車を置いたらいいのかちゃんと言ってくれたね。上手な言い方をよく知ってるんだね"と言ってあげるとよいでしょう。

ごほうびをあげること

　良い先生になるために大切なことの1つは、生徒を熱心にほめてたくさんの愛情を注ぐことです。こどもたちは、このものすごい仕事をすることができるのです！　自閉症のきょうだいとどうやって遊べばいいかをお子さんに教える際に、お子さんは、じょうずに遊べた時にはどのようにごほうびをあげてほめてあげたらいいかを学ぶことが大切になってきます。"すごくじょうずにボールを私の方に投げてくれたね"とか"箱の中に上手にお人形さんをしまったね"などは、ことばによるごほうびの例です。これは、ほめるとともに、望ましい行動をはっきりと示しています。お子さんは、精力的に、かつ、明確にこれらのことを学んでいくべきでしょう。

　もし必要であれば、お子さんは、クッキーやビスケットなどのちょっとしたお菓子も一緒にあげてきょうだいをほめてあげることもできます。しかし、その遊び自体が一番大切なごほうびであることが意図されているので、もし食べ物が学習に必要不可欠なものでなければ、それを用いる必要はありません。その代わりに、お子さんは時あるごとに、きょうだいの背中をポンポンとたたいてあげたり、くすぐったり抱きしめたりしてもよいのです。指示にきょうだいが応じたらすぐにほめてあげたり、他のごほうびをあげることをお子さんに教えてあげるべきです。もし、ごほうびとして食べ物を使うのであれば、食べ物をあげるたびに、同時にほめてあげるべきことを教えてあげましょう。

　こどもたちがしばらく一緒に遊んだ後には、ミルクとビスケット、ポテトチップスとジュースなどといった形で、セッションの終わりにごく自然にごほうびをあげることができます。これは両方のお子さんにとってのごほうびなのです。

表4 ごほうびをあげる

1. 私にボールを投げてくれるなんてすごいね
2. お人形にごはんをあげるのがじょうずだね
3. モーモー言うのがすごくじょうずだね
4. わぁー，何て大きなシャボン玉なんでしょう！
5. あなたが鳴くと，まるで子イヌのように聞こえるよ，よくできるね
6. 本当に大きなタワーだね，じょうずに建てているよ！
7. じょうずに投げてるよ，トム，本当に一生懸命に投げてるよ
8. じょうずにお話ししているね，飛行機のパイロットみたいだね
9. きみとおもちゃのトラックで遊ぶのが，僕は本当に楽しいよ

　お子さんと一緒に行う有効な指導活動の1つは，お子さんがきょうだいにできるたくさんのごほうびリストを作るのを手伝ってあげることです (Celiberti, 1993)。これはプレイセッション以外の時間にやるべきでしょう。表4のごほうびのことばのいくつかの例を見てください。お子さんがきょうだいに対して使える例について考えるのを手伝ってあげましょう。お子さんがそれに取り組もうとしていることをほめてあげるのを忘れてはいけません。たくさんの良いことばを思いつく，その子の創造性をほめてあげることができますし，その努力に対してどんなに自分が感謝しているかを伝えてあげることができます。ごほうびをあげるということを教えるための，もう1つのおもしろいやり方は，あなた自身が正しい答えを出したときに，あなたに対してお子さんがごほうびとして1円玉1枚をわたすというゲームです。次に，あなたは，お子さんが言ってくれた効果的なごほうびのことばに対して，お子さんに硬貨をあげるのです。年上のこどもたちにはこのゲームは必要ないかもしれませんが，あなたのやり方の見本を観察したり，彼らの行動に対するあなたのフィードバックをもらうことが，より大切になってくるのです。

手助けをすること

　お子さんが何かのやり方がわからない場合，私たちは，お子さんに身体的あるいは言語的な援助（専門的には，プロンプトと呼ばれるもの）を与えて，指示に従えるようにしむけます。例えば，ある女の子が自閉症をもつ自分の弟くんに，おもちゃの車の車庫への入れ方を教えたいと思った場合，その女の子は"ジャック，その車を車庫に入れて"と言います。彼女は，自分の指示に従うための時間，5秒間を与えます。そして，もし，ジャックがそうしなかったら，弟くんの手を取って，その手を車の上にのせ，"いいわ。車庫に車を入れて"と言いながら，その車を車庫の中へ押し込むのです。車を誘導するために，ジャックの手の上に彼女の手を置くことは，身体的なプロンプトの1つの例です。

　自閉症のこどもたちが，あまり身体的なプロンプトに頼らないということは重要です。そのため，私たちは，いつも，必ず，お子さんに自分自身で応答するための時間（通常5秒）を与えるようにしています。その後，絶対的にそれが必要でないかぎり，それ以上のプロンプトを与えることはしません。次第に，私たちは，そのプロンプトがもはや必要とされなくなるまで，徐々に減らしていきます。例えば，上の例では，お姉さんは，少しずつそっと触わるようにしていき，それから車庫を指さすだけになって，ついには全くそのプロンプトをなくしてしまいます。しかし，もし，弟くんが間違い始めたら，例えば，トラックをひっくり返して，車輪を回し始めた場合，彼女は弟くんを促すために5秒待たずに，すぐに弟くんが正しく反応するのに必要とされる指導を行うでしょう。プロンプトということは，学ぶのが大変な技能でもありえます。お子さんが，いつプロンプトを行ったらいいかや，プロンプトをどのように減らした

らよいかを理解するまで,あなたはお子さんと共にそれを練習すべきです。これは,娘さんが,あなたと一緒にリハーサルという形で練習したり,弟くんと実際に遊ぶセッションの中で,あなたがモデルを示したり,フィードバックを行うことを組み合わせることによってできます。

　もし,自閉症のお子さんが触られることをあまり好まない場合,きょうだいはこれらのプロンプトを使うことを期待されるべきではありません。むしろ,最初の段階は,そのお子さんに,あなたからの身体接触を受け入れるように教えることであり,その後,きょうだいが触れるのを経験させることでしょう。お子さんの担任の先生,学校心理士,あるいは理学療法士はお子さんが触れられることに対する耐性をどのように増やしたらよいかについてアドバイスしてくれるでしょう。

触れるのをやめること

　お子さんが,指示の伝え方,よい行動へのほうびの与え方,身体的あるいは言語的な促し方を身に付けた後,あなたがお子さんに教えることのできる,さらに役立つ技能があります。これは,自発的な遊び行動が起こる時に,それにほうびを与えるということです。これまでのところ,この章では,自閉症のお子さんに指示に従うことを教えることに焦点を当ててきました。しかしながら,自閉症のお子さんが自分自身で遊びを開始する場合には,さらにもっとおもしろくなります。先生役のお子さんは,これらの自発的なできごとに敏感になり,できるだけ精一杯,そうしたできごとをほめることができるようにならなければいけません。もし,娘さんが弟くんに,大きな丸いボールでのキャッチボールのやり方を教えて,ある日,弟くん自身がお姉ちゃんに向かってボールを投げようと拾い上げた

ら，お姉ちゃんは，精一杯，弟くんをほめるべきです。同様に，もし，2人がおもちゃのトラックで遊んでいて，弟くんがおもちゃの飛行機を持ち出したら，お姉ちゃんは，彼が新しいおもちゃを取り入れたことに対して，強い関心をもって反応すべきです。同じようなことが新しいことばにも当てはまるでしょう。もし，弟くんが新しい単語を使ったら，お姉ちゃんは自分の喜びを表現すべきです。しかし，これは，彼女がいつも弟くんと一緒に遊ばねばならないということではありません。ただ，彼女が弟くんを断る時でさえも，温かく対応してもらえれば理想的ではありますが。彼女は1人で遊びたい時や勉強したい時や友だちと一緒にいたい時は，断ることができます。親御さんは，自閉症のお子さんがこれらの現実的な限界を受け入れられるように手助けすべきです。

とても幼いこどもたちとともに

　就学前のお子さんがいるご家族と関わる中で，私は，自閉症のお子さんや，そのきょうだいを含めた家族ゲームを考えてみてはどうかと提案しています。これによって，こどもたちのお互いの関わりがよりおもしろくなるかもしれません。ひとつの例は，"こっちにおいで(Come Here)"というゲームです。このゲームでは，お子さんの名前を呼びます。"ザッチェリー，こっちにおいで"というように。お子さんが来ると，その子は，おとなの腕の中にさっと抱かれて，くすぐられたり，空中で"高い高い"をされたりなどします。そのことばかけは，初め，ほんの数メートルしか遠くない所からなされます。そして，自閉症のお子さんは，徐々に，そのおとなの方に近寄っていきます。次第に，その距離は増やされます。やがて，親御さんは，家の中の別の部屋から呼んだうえに，部屋のどこかにちょっとだけ隠れている，などといったことができるわけです。

健常の就学前のこどもたちは,そのゲームを楽しむことができます。そして,自閉症児にとっては,指示に従うことを学習するという意味で価値あることです。同様に,"これやって (Do This)"というゲームは,ことばでなく,からだで相手のまねをじょうずにできれば,抱きしめられたり,拍手してもらえたりなどによってごほうびをもらえるものですが,これは両方のお子さんにとって喜びとなりえます。この模倣は,次第に"サイモンが言うよ (Simon Says)"という児童期のお気に入りの遊びとして広げていくことができます。

おわりに

　一緒に遊ぶということは,兄弟姉妹が分かち合う大切な体験の1つです。それは,きょうだいの絆を結ぶことになります。1人のきょうだいが自閉症である時,自閉症児が,行動コントロールが難しかったり,明確な応答が難しかったりすることから,そのような遊びは,しばしば混乱します。研究によると,自閉症児のきょうだいは兄弟姉妹が遊び仲間になれるよう手助けするための方法を学ぶことができることが明らかになっています。効果的な指示を与えたり,的確な応答に応じて気前よくごほうびを与えたり,必要な物質的,言語的な手がかりを与えるというような基本を習得できたきょうだいは,このような技能が,相互作用の難しさを楽しいものに変えてくれるということを知っています。基本的な行動療法のテクニックを上手に身につけた親御さんであれば,きょうだいがこのような技能を習得する手伝いができます。しかしながら,重要なのは,きょうだい自身が技能を身に付けるということを動機付けられていること,また遊びの時間がお子さんにとって重荷にならないことです。

親御さんの話

　ここ数年で，私が自閉症のマットと姉のアニーとの関係を築くために用いてきたいくつかの方法は，遊びを通して培われてきました。音楽や歌を含む活動が特に効果的です。——例えば，"こげこげボート（ROW, ROW, ROW Your Boat）"とか"ロージーの輪（Ring around the Rosie）"，"幸せなら手をたたこう（If You're Happy and You Know it）"，"バスのタイヤ（Wheels on the Bus）"，といったようなものです（訳者注："幸せなら手をたたこう"は日本のものとほぼ同じ。"こげこげボート"は2人が両手をつないでやる"ぎっこんばったん"，"ロージーの輪"は，2人や3人が両手をつないでくるくる回るもの，"バスのタイヤ"は，日本の"手をたたきましょう"，"かなづちトントン"のような手遊びで，タイヤの動きやクラクションを押す様子をシンプルに手で表現する遊び）。私はまた，マットとアニーに一緒にダンスをする方法をも教えました。

　マットは特に驚くくらい，いつもおいかけっこが大好きでした。私はさらに段階を進め，"かくれんぼ"で遊ぶ方法を教えてあげました。また，マットは家中の部屋でおいかけっこをするとき，アニーの行き先を方向付ける方法を学びました。マットは，アニーが走っていって，自分を驚かしてくれるはずの道を選びます（つまり，"アニー，僕，おいかける。リビングルーム，通って"というように）。加えて，私は，例えば，怪獣ごっこのようなふり遊びを教えるためにも，おいかけっこ遊びの考え方を利用しました。

　最後に，こどもたちは，塗り絵や，粘土で遊ぶこと，読書のような座ってやる活動を通して，学習しました。こどもたちが幼い時，私は自然に本を読んであげていました。今では，アニーは本を読んであげることを身につけ，マットに読み聞かせることが大好きですし，彼もまた，それができるようがんばっています。

* * *

　娘はアイコンタクトをしたり，強化子としてのごほうびを得る方法を

学びました。遊びのプログラムで大切なことは，彼女と他のきょうだいの両方のために組み立てることです。彼女は今では，きょうだいと一緒に楽しく遊ぶための基本的な力を身につけています。これらの力はいろいろな状況の中で使えています。娘はきょうだいの人生において，大切な存在です。——彼女は息子を助けることができるし，遊ぶことができるし，共に笑うことができます。彼女は自信を高めたし，家族を１つにしてくれたのです。

* * *

あなたが私の母にきょうだいについてたずねようと，家に手紙を送ってこられたとき，私は，母に，私が返事を出してもよいかと尋ねたのです。母はもちろんよ，さあ，どうぞ，と言いました。私は，アートと一緒に遊ぶことがどんなに楽しいかをあなたに知ってほしいのです。時々，私は，今でも，アートに対して，頭にくることがあります。でも，彼が私と一緒にボール遊びができるようになったり，ミニカーで遊べるようになると，とても嬉しくなります。次は，彼に犬や猫，ライオンのような動物のまねっこをすることを教えてあげるつもりです。

* * *

初めて私がこどもを一緒に遊ばせようとした時，私は，こんなに頑張っているけれども，本当にうまくいっているのかしらと不安でした。自閉症の息子エリックは，本当にいたずら坊主で，娘のサラはすごく大変な時間を過ごしていました。長時間，私はそこに座って見ていなければならず，エリックが乱暴なことをしたら，抱き上げてタイムアウトのために連れていかなければなりませんでした。けれど，次第に彼はサラといることを楽しみだし，今では自分を抑えられないということはめったにありません。彼がそうなった時は，サラは私を呼び，私がタイムアウトの部屋に連れて行くと言うことをわかっています。うまくいくようになるには３，４ヶ月かかりましたが，今はかなり順調です。

参考文献

Alessandri, M. (1992) *The influence of sex-role orientation on the marital adjustment and degree of parental involvement in family work: A comparison of mothers and fathers of children with autism and mothers and fathers of normally developing children.* Unpublished doctoral dissertation, Rutgers, The State University of New Jersey, Piscataway NJ.

August, G. J., Stewart, M. A., & Tsai, L. (1981) The incidence of cognitive disabilities in the siblings of autistic children. *British Journal of Psychiatry*, 138, 416-422.

Baker, B. L. (1989) *Parent training and developmental disabilities.* Washington, DC: American Association on Mental Retardation.

Baker, B. L. & Brightman, A. J. (1989) *Steps to independence.* Baltimore, MD: Paul H. Brookes.

Bank, S. P. & Kahn, M. D. (1982) *The sibling bond.* New York: Basic Books.

Bartak, L., Rutter, M., & Cox, A. (1975) A comparative study of infantile autism and specific developmental language disorder. I. The children. *British Journal of Psychiatry*, 126, 127-145.

Boer, F., Goedhart, A. W., & Treffers, P. D. A. (1992) Siblings and their parents. In F. Boer & J. Dunn (Eds.), *Children's sibling relationships. Developmental and clinical issues* (pp.41-54). Hillsdale, NJ: Erlbaum Associates.

Brodzinsky, D. & Schechter, M. (Eds.) (1990) *The psychology of adoption.* New York: Oxford University Press.

Buhrmester, D. (1992) The developmental courses of sibling and peer relationships. In F. Boer & J. Dunn (Eds.), *Children's sibling relationships. Developmental and clinical issues* (pp.19-40). Hillsdale, NJ: Erlbaum Associates.

Celiberti, D. A (1993) *Training parents of children with autism to promote sibling play : Randomized trials of three alternative training interventions.* Unpublished doctoral dissertation. Rutgers, The State University of New Jersey, Piscataway, NJ.

Celiberti, D. A. & Harris, S. L. (1993) The effects of a play skills intervention for siblings of children with autism. *Behavior Therapy*, 24, 573-599.

Colletti, G. & Harris, S. L. (1977) Behavior modification in the home: Siblings as behavior modifiers, parents as observers. *Journal of Abnormal Child Psychology*, 1, 21-30.

Dunn, J. (1992) Sisters and brothers: Current issues in developmental research. In F. Boer & J. Dunn (Eds.), *Children's sibling relationships. Developmental and clinical issues* (pp.1-17). Hillsdale, NJ: Erlbaum Associates.

Folstein, S. E. & Rutter, M. L. (1987) Autism. Familial aggregation and genetic implications. In E. Schopler & G. B. Mesibov (Eds.), *Neurobiological issues in autism* (pp.83-105). New York: Plenum.

Forgatch, M. & Patterson, G. (1989) *Parents and adolescents living together. Part 2: Family problem solving.* Eugene, OR: Castalia Publishing Co.

Harris, S. L. (1983) *Families of the developmentally disabled : A guide to behavioral intervention.* Elmsford, NY: Pergamon Press.

Harris, S. L., Handleman, J. S., & Palmer, C. (1985) Parents and grandparents view the autistic child. *Journal of Autism and Developmental Disorders*, 15, 127-137.

Holmes, N. & Carr, J. (1991) The pattern of care in families of adults with a mental handicap: A comparison between families of autistic adults and Down syndrome adults. *Journal of Autism and Developmental Disorders*, 21, 159-176.

Jenkins, J. (1992) Sibling relationships in disharmonious homes: Potential difficulties and protective effects. In F. Boer & J. Dunn (Eds.), *Children's sibling relationships. Developmental and clinical issues* (pp. 125-138). Hillsdale, NJ: Erlbaum Associates.

Lobato, D. (1990) *Brothers, sisters and special needs.* Baltimore, MD: Paul H. Brookes.

Lovaas, O. I. (1981) *Teaching developmentally disabled children : The me book.* Baltimore, MD: University Park Press.

Lovaas, O. I., Koegel, R., Simmons, J. D., & Long, J. S. (1973) Some generalization and follow-up measures on autistic children in behavior therapy. *Journal of Applied Behavior Analysis*, 6, 131-166.

McHale, S. M. & Harris, V. S. (1992) Children's experiences with disabled and nondisabled siblings: Links with personal adjustment and relationship evaluations. In F. Boer & J. Dunn (Eds.), *Children's siblings relationships. Developmental and clinical issues* (pp.83-100). Hillsdale, NJ: Erlbaum Associates.

McHale, S. M., Sloan, J., & Simeonsson, R. J. (1986) Sibling relationships of children with autistic, mentally retarded, and nonhandicapped brothers and sisters. *Journal of Autism and Developmental Disorders*, 16, 399-413.

Powers, M. D. (Ed.) (1989) *Children with autism: A parents' guide*. Rockville, MD: Woodbine House.

Ritvo, E. R., Freeman, B. J., Mason-Brothers, A., Mo, A., & Ritvo, A. M. (1985) Concordance for the syndrome of autism in 40 pairs of afflicted twins. *American Journal of Psychiatry*, 142, 74-77.

Rodrigue, J. R., Geffken, G. R., & Morgan, S. B. (1993) Perceived competence and behavioral adjustment of siblings of children with autism. *Journal of Autism and Developmental Disorders*, 23, 665-674.

Rutter, M. (1985) Infantile autism and other pervasive developmental disorders. In M. Rutter & L. Herzov (Eds.), *Child and adolescent psychiatry: Modern approaches*, (pp.545-566). London: Blackwell.

Seligman, M. & Darling, R. B. (1989) *Ordinary families, special children: A systems approach to childhood disability*. New York: Guilford Press.

索　引

あ
アダルトホーム　23
姉　15
安心感　39
怒り　17
慣り　17
意思決定　94
一貫性　110
遺伝　6
　――学　46
運動障害　22
エコラリア（オウム返し）　33
応用行動分析　115
弟　15
親支援グループ　99

か
学習障害　6
家族
　――会議　59
　――セラピスト　7
　――療法士　6
学校心理士　7
かんしゃく　36
管理寮　23

強化子　128
きょうだい支援グループ　100
グループホーム　23, 97
結婚　24
攻撃　16
行動変容　115
行動療法　110
個人主義　96

さ
支援ネットワーク　96
自己
　――刺激的　36
　――有能感　96
　――理解　61
思春期　19
嫉妬　17
児童期
　――初期　9
　――中期　12
自閉症　4
　――協会　6
社会的経験　42
常同行動　36
情緒発達　32

小児科医　6
情報のニーズ　17
職業選択　22
所属感　96
神経学者　7
身体的拘束　45
性教育　35
精神科医　7
成人期　13, 22
青年期　12
正の強化　110
責任　22
前思春期　89
ソーシャルワーカー　6

た
タイムアウト　93
地域感　96
近づきあい　9
知的障害　6
チューター　112
同一化　18
逃避　16

特殊教育　7
特別なニーズ　21

な
仲間集団　42

は
罰　45
反抗的態度　16
プロンプト　110
ベビーシッター　96
不安　16
不適応行動　17
牧師カウンセリング　6

や
抑うつ　16

ら
ラビ　63
臨床心理士　7
レスパイトケア　89, 97
レスパイトサービス　97

訳者紹介
遠矢浩一(とおや・こういち)
博士(教育心理学)
臨床心理士・学校心理士
1987年 九州大学教育学部卒業
1992年 九州大学教育学研究科教育心理学専攻博士後期課程修了
現在,九州大学大学院人間環境学研究院心理臨床学講座准教授
[主要著書]『親と先生のための自閉症講座――通常の学校で勉強するために』
(訳書,ナカニシヤ出版)
『基礎から学ぶ動作訓練』(共著,ナカニシヤ出版)
『コミュニケーションという謎』(共著,ミネルヴァ書房)
『臨床発達心理学概論』(共著,ミネルヴァ書房)

自閉症児の「きょうだい」のために――お母さんへのアドバイス――

2003年 2 月20日 初版第 1 刷発行	定価はカヴァーに
2007年 6 月20日 初版第 4 刷発行	表示してあります

  著　者 サンドラ・ハリス
  訳　者 遠矢　浩一
  発行者 中西　健夫
  発行所 株式会社ナカニシヤ出版
     〒606-8161　京都市左京区一乗寺木ノ本町15番地
     Telephone　075-723-0111
     Facsimile　075-723-0095
     郵便振替　01030-0-13128
     e-mail iihon-ippai@nakanishiya.co.jp
     URL　http://www.nakanishiya.co.jp/

装幀・白沢　正／印刷・創栄図書印刷／製本・兼文堂
ISBN 978-4-88848-754-2　C0011